El hilo de Penélope

El hilo de Penélope

Fátima Mernissi

Traducción de
Jofre Homedes Beutnagel

Lumen

ensayo

Damos las gracias a Rachid Chraibi, de la editorial Marsam, por permitirnos la reproducción de las obras de Chaibia y de las tejedoras pintoras, y al Instituto Asturiano de la Mujer por la fotografía de la última página del cuadernillo, procedente del libro de la iniciativa exposición *Viaje al Marruecos cívico*, 2003.
Las ilustraciones de las pp. 121 y 122 proceden de Jeremy Black, Anthony Green, *Gods, Demons and Symbols of Ancient Mesopotamia: An Illustrated Dictionary*, British Museum Press, 1988.
Salvo indicación contraria, las imágenes proceden del Archivo Giunti. Por lo que respecta a los derechos de reproducción, el editor está dispuesto a llegar a acuerdos sobre posibles pagos por las imágenes cuya fuente no haya sido posible localizar.

Título original: *Les Sindbads Marocains: Voyage dans le Maroc Civique*

Primera edición: mayo de 2005

© 2004, Fátima Mernissi
© 2004, Giunti Editore, S.p.A., Florencia-Milán
© 2005, de la presente edición en castellano para todo el mundo:
    Random House Mondadori, S. A.
    Travessera de Gràcia, 47-49. 08021 Barcelona
© 2005, Jofre Homedes Beutnagel, por la traducción
© Gamma/Contrasto, Milán, por la foto de George Orwell, p. 9
© Ruth Ward, por las fotos de las pp. 61, 114, 146, 171, 188, 219, 221, 222, 223, 224, 225, 226, y de las pp. 1 y 3 del cuadernillo.

Printed in Spain – Impreso en España

ISBN: 84-264-1499-0
Depósito legal: B.16.102-2005

Compuesto en Fotocomposición 2000, S. A.

Impreso en Limpergraf
Mogoda, 29. Barberà del Vallès (Barcelona)

H 4 1 4 9 9 0

El hilo de Penélope

INTRODUCCIÓN

George Orwell en Marrakech en 1938
o la dificultad de hacer turismo en un país árabe

Aunque pocos lo sepan, George Orwell (1903-1950), el célebre escritor inglés cuyo amor a la democracia le llevó a luchar toda su vida contra los fascistas —primero con las armas, en 1936, enrolándose en las milicias del Frente Popular que lucharon contra Franco, y más tarde con la pluma, ridiculizando a los dirigentes totalitarios en *Rebelión en la granja*, obra escrita en 1943, y tres años después en *1984*—, vino aquí, a Marrakech.[1] En esta ciudad, acompañado por su esposa Eileen, pasó el invierno de 1938, siguiendo las recomendaciones de sus médicos, que le habían aconsejado un clima seco para la tuberculosis. «El 3 de septiembre zarparon de Tilbury en clase turista a bordo del *S. S. Stratheden* [...] En la lista de pasajeros, rellenó la entrada "profesión" como "escritor", mientras Eileen ponía "ninguna". Había tomado un medicamento contra el mareo, que le dio la gran satisfacción de ser eficaz. Por eso —recordó Eileen— "se paseaba por el barco con una sonrisa de felicidad, viendo debatirse a los demás con las náuseas".»[2] Fue en Marrakech donde Orwell escribió el cuento *Subir a por aire*, publicado en 1939.[3] Lo sorprendente es que el propio escritor, hombre de izquierdas y militante por los derechos humanos, reconoció que su estancia en Marruecos fue un fracaso, porque si bien los árabes le caían simpáticos no logró comunicarse con ellos: «Los árabes me gustan, son amables… Pero no he podido entablar contacto con ellos porque hablan una especie de francés bastardo y me daba pereza aprender árabe».[4] Es lógico pensar primero en el idioma cuando se tienen dificultades de comunicación con extranjeros. Por otro lado, no deja de ser cierto que hasta nuestros hermanos árabes de Oriente Próximo, por ejemplo los sirios y saudíes, no se sienten en casa cuando hacen turismo por Marruecos, debido a nuestra maestría en hablar un cóctel idiomático y mezclar el árabe con el francés, y sobre todo con el bereber; cosa, esta última, que a Orwell se le pasó por alto.

Pero Orwell era demasiado inteligente para reducir las dificultades comunicativas a una cuestión lingüística. El problema de la lengua no impide establecer un intercambio muy profundo con los extranjeros. De hecho, si algo facilita la comunicación son las afinidades. Ya lo sabían los primeros musulmanes, obsesionados por la idea de una religión universal, sobre todo los sufíes del siglo VIII como el persa Bistami, que recomendaba el viaje como una herramienta de conocimiento de uno mismo, y nunca se cansaba de repetir que era más fácil el intercambio con un extranjero afín a nosotros que con un pariente próximo que no comparte nuestras ideas: «¡Dios mío, cuánta gente cercana nos es en realidad lejana! ¡Y cuántos extranjeros lejanos están muy cerca de nosotros!».[5]

Orwell sabía que el problema estaba en otro nivel, no en el de la lengua. Él mismo se admiró de la capacidad de comunicación con unos marroquíes cuyo país, en esa época, estaba colonizado por partida doble: al norte por los ejércitos de España, y al sur por los de Francia, situación que los obligaba a resistir en todas partes y del modo que fuera. Orwell era especialmente sensible a la resistencia, ya que había nacido en India en 1903 —en Motihari, cerca de la frontera con Nepal—, donde su padre trabajaba como funcionario del Departamento de Opio de la administración india,[6] y su sensibilidad al discurso colonial fue algo más que una postura juvenil. De mayor seguía viéndose como alguien que había dedicado toda su vida a la defensa de la libertad. Cada uno de sus escritos —como declaró en su célebre ensayo «Por qué escribo», verdadero testamento redactado en 1946, cuatro años antes de su muerte, acaecida en Londres en enero de 1950— era un hachazo al totalitarismo: «Cada línea de trabajo serio que he escrito desde 1936 se proponía luchar directa o indirectamente contra el totalitarismo y a favor del socialismo democrático, tal como lo concibo».[7] Precisamente por eso, por tratarse de un intelectual comprometido, acostumbrado al fatigoso ejercicio del autoanálisis y la introspección, podemos entender por qué consideró un problema no comunicarse con los árabes, aunque hubiera viajado a Marrakech como turista (enfermo, para colmo). Es lícito afirmar que en 1938 Orwell ya se planteaba el problema de la relación entre el turismo y el compromiso político, tema central en el que intentará profundizar este libro.

Hoy más que nunca, la globalización —es decir, la abolición de las fronteras entre estados— nos condena a convertirnos en turistas a nuestro pesar, y a pasar gran parte de nuestra vida viajando, sea por trabajo o por placer. De ahí que creamos necesario elucidar las reglas que debemos aplicar para no perder la oportunidad de comunicarnos con los extranjeros que el azar pone en nuestro camino, o darnos cuenta como mínimo, si no lo conseguimos, de que algo no funciona. Pero ¿por dónde se empieza? Propongo quedarnos un poco más con Orwell en el Marrakech de los años treinta, para fijarnos en el curso de sus pensamientos y sus dudas sobre la dificultad y el reto que comporta la voluntad de comunicarse cuando alguien se aventura en un país extranjero, sobre todo cuando está políticamente comprometido, algo que a todos nos impone la globalización, como han demostrado estos últimos años las manifestaciones espontáneas de los ciudadanos de todo el mundo durante el período en que, tras los ataques terroristas del 11 de septiembre de 2001 contra Estados Unidos, el presidente Bush empezó a hablar de bombardear Irak.

El dilema de Orwell: turismo y compromiso político

Personalmente, confieso que estar con gripe en la cama es razón suficiente para inhibir cualquier movilización política por mi parte. De ahí la admiración que siento por la tozudez con la que Orwell se esforzó por entender por qué no lograba comunicarse con los habitantes de Marrakech. Al principio pensó que el handicap podía ser su condición de turista. De hecho, estaba acostumbrado a enmarcar sus viajes en misiones muy concretas, por ejemplo cuando decidió volver a Asia después de sus estudios para trabajar de policía en Birmania, donde estuvo cinco años, entre 1922 y 1927, o en 1936, cuando se enroló en las milicias del POUM (Partido Obrero de Unificación

Marxista) para combatir a los fascistas en España: «Este viaje [a Marrakech] es algo nuevo para mí, porque es la primera vez que me encuentro en la posición del turista».[8] Turista, por antonomasia, es el que tiene a gala ir a alguna parte para no hacer nada. Nada, pues, parecía obligar al escritor a comunicarse con las poblaciones que encontró. Orwell añade que le habría sido más fácil comunicarse si hubiera estado adscrito a alguna misión militar, como muchos intelectuales que aprovechaban este tipo de actividades para viajar: «Pensar que si hubiera venido dentro de una expedición militar habría tenido la posibilidad de introducirme enseguida en todas partes, a pesar de las dificultades lingüísticas...».[9]

La profesora marroquí Fuzia Risasi, experta en literatura inglesa, que le ha dedicado un excelente estudio (*Orwell's Marrakech*), llegó a la conclusión de que a pesar de su militancia izquierdista Orwell no dejaba de ser un racista europeo con todas las de la ley: «No obstante todas sus simpatías por los marroquíes desfavorecidos, no cabe duda de que para Orwell la reina del mundo era Inglaterra. Le resultaba difícil encontrar algo en común entre el norte de África e Inglaterra en el carácter o las actitudes de los marroquíes».[10] Según Risasi, a pesar de sus ideas vanguardistas, Orwell concebía la humanidad como un monopolio de los europeos, no como «una herencia compartida».[11] Yo, personalmente, atribuyo la dificultad de comunicarse de George Orwell a un problema tecnológico, más que al racismo: en 1938 no existían ni internet ni mucho menos cibercafés; no había nada semejante en Londres ni en Marrakech, y el precio de los medios de comunicación, tanto en el caso de la prensa como en el de la radio —e incluso el del teléfono—, era tan exorbitante que solo podían permitírselo los nazis como Hitler.

Orwell no podía ponerse en contacto con los marroquíes que luchaban por la libertad, porque estos últimos no tenían acceso a los medios de comunicación. A nosotros, en cambio, la revolución que vivimos en 2004, setenta años después —esa revolución que surge de las nuevas tecnologías informáticas—, nos da la posibilidad de encontrar a todas las personas que luchan por la misma causa, sea donde sea. «Para enviar un documento de cuarenta páginas desde Madagascar a Costa de Marfil se tardan cinco días por correo (setenta y cinco dólares), media hora por fax (cuarenta y cinco dólares) y dos minutos por e-mail (menos de veinte céntimos de dólar).»[12] Por eso los redactores del *Informe sobre el desarrollo humano* presentan como algo lógico que el número de ordenadores con conexión telefónica directa haya pasado de cien mil en 1988 a más de treinta y seis millones en 1998. Tampoco es de extrañar que los consumidores más asiduos sean las minorías excluidas, como las castas inferiores de la India, ya que (según nos explica el informe) la fusión de la informática —el ordenador— y el teléfono —comunicación— elimina los obstáculos de coste, tiempo y espacio, y en consecuencia reduce los precios. «Hoy en día, si la productividad de la industria automovilística hubiera progresado al mismo ritmo —añaden los expertos de Naciones Unidas—, un coche valdría tres dólares.»[13]

El precio de tener el derecho de expresarse, comunicar sus ideas y hacer oír su voz es lo que explica, por lo tanto, que en 1938, en los países del Tercer Mundo, los enamorados de la democracia fueran invisibles e imperceptibles. Estoy convencida de que el supuesto racismo de muchos europeos, como veremos en el caso de Orwell, se debía principalmente a la dificultad de recibir información. Señalemos, además, que la enfermedad de Orwell no le impidió perseverar en el esfuerzo de encontrar marroquíes que lucharan por la democracia.

Racismo y desinformación: Orwell no conocía a Abd el-Krim Jatabi

En 1938 era imposible encontrar a los marroquíes que soñaban con la democracia, por el simple motivo de que no podían permitirse el acceso a los medios de información para hacer oír su voz a escala mundial. Fracasado su intento de encontrar una conexión, Orwell concluyó: «A mi entender no existe ningún movimiento de resistencia antifrancés, al menos de cierta importancia; y si hubiera alguno se trataría de un movimiento más nacionalista que socialista, ya que aquí la mayoría de la gente aún está en la época feudal».[14] Esta valoración de Orwell sobre la situación política del Marruecos de los años treinta es errónea, obviamente. «Las crónicas han conservado los nombres de una treintena de cabecillas que entre 1910 y 1935 dirigieron la resistencia contra los franceses y los españoles», observa uno de los historiadores más meticulosos del Mediterráneo moderno, el marroquí Abdallah Larui.[15] Larui ha demostrado con los datos en la mano que como mínimo uno de esos cabecillas no se adscribía a los postulados nacionalistas, y que se situaba con toda claridad en la lucha contra el totalitarismo. Se trata de Abd el-Krim Jatabi, nacido en 1882, veinte años mayor que Orwell. En los años veinte, Abd el-Krim luchó por instaurar una república laica en el Rif, movido por su rechazo al fanatismo religioso local. Fue combatido tanto por Francia como por España, potencias que le condenaron al exilio, en el que murió en 1963. Resumiendo, que diez años antes de que Orwell fuera a España para alzarse en armas contra el fascismo de Franco, al otro lado del Mediterráneo, en las montañas del Rif que lo bordean por la ribera sur, el líder marroquí Abd el-Krim Jatabi luchaba por la misma causa. Abd el-Krim era un admirador de Kemal Atatürk —el instaurador de la primera república laica en tierras musulmanas, que en 1924 otorgó el derecho de voto a las mujeres—, pero tenía dos enemigos: los ejércitos coloniales que ocupaban el país y el fanatismo religioso que corroía las instituciones políticas locales. «He sentido admiración por la política seguida por Turquía. Los países musulmanes no pueden independizarse sin primero liberarse del fanatismo religioso.»[16] El sueño de Abd el-Krim era crear una sociedad donde el individuo pudiera reflexionar y expresarse libremente. Los gobiernos de España y Francia se sintieron tan amenazados por la idea de una nación árabe donde todos los cerebros funcionasen sin trabas que no repararon en medios: «Contra veinte mil rifeños (habitantes del Rif) armados, los francoespañoles concentraron a ochenta mil hombres respaldados por varias escuadrillas de aviación. Numéricamente apabullados, y sometidos a un auténtico diluvio de fuego, los rifeños tuvieron que capitular».[17] Abd el-Krim fue deportado a la isla de Reunión, que formaba parte de los territorios franceses, y permaneció exiliado en ella por espacio de veinte años antes de huir a Egipto. Su sueño, sin embargo, siguió siendo acariciado por miles de seguidores y simpatizantes. En 1936, el mismo año en que Orwell se enrolaba en las milicias del POUM, salió de Marruecos una delegación para ofrecer ayuda al Frente Popular a condición de que se acordase la independencia al país después de la victoria, condición que según el historiador Abd al-Karim Gallab, autor de *Tariq al-haraqa al-wataniya* (Historia del movimiento nacionalista), fue rechazada.[18]

Este último dato nos lleva de nuevo a George Orwell y su incapacidad de encontrar defensores de la democracia en el mundo árabe. ¿Era racista o estaba desinformado? En última instancia, lo importante no es tanto responder a la pregunta como hacérsela, ya que nos permite centrarnos en lo esencial, lo que de ahora en adelante llamaré «el maravilloso potencial del turismo cívico», es decir, la extraordinaria posibilidad que nos brinda el alba del siglo XXI de descubrir en todo el mundo a quienes luchan por las mismas ideas y albergan idénticos sueños sobre un planeta donde los ciudadanos puedan entretejer mil diálogos, un planeta donde no haya espacio para los terroristas. A estos ciudadanos los llamaremos a partir de ahora «cosmocívicos», en contraposición a lo que dos periodistas de la revista inglesa *The Economist*, John Micklethwait y Adrian Wooldridge, bautizaron con gran sentido del humor como «cosmócratas».[19] Según Micklethwait y Wooldridge, los cosmócratas son una clase de ricos que «actúan a escala mundial»;[20] por eso los han definido fundiendo los términos *kósmos* (universo) y *kratéo*, que significa «mandar». La misma raíz se encuentra en «democracia» (gobierno del *demos*, el pueblo) y en «aristocracia» (gobierno de los mejores, de *áristos*, lo mejor). A fin de que el lector entienda bien quiénes son los cosmócratas, Micklethwait y Wooldridge usan la siguiente adivinanza: «¿Qué diferencia hay entre Tanzania y el banco de inversiones Goldman Sachs? La diferencia estriba en que los ingresos de Goldman Sachs (2.600 millones de dólares) se reparten entre 161 personas, los socios del banco, mientras que el presupuesto de Tanzania (2.200 millones de dólares) debería beneficiar a toda la población del país, al menos en principio, y ser repartido entre 25 millones de tanzanos, por lo tanto».[21] En el Marruecos de 1938, el que visitó Orwell, el teléfono estaba monopolizado por los cosmócratas de la época: la élite colonial europea, que dominaba el país, y sus aliados locales, principalmente marroquíes que ayudaban a sofocar la rebelión. Un salto a ese Marruecos nos permite darnos cuenta de lo prodigiosa que es la revolución que ha permitido a los más desfavorecidos, y a los excluidos, acceder a la parabólica, que los conecta con los satélites, el teléfono y los cibercafés, donde se puede navegar por la red. En el Marrakech de 2004, con sus millares de parabólicas y sus cibercafés distribuidos por los barrios periféricos, Orwell habría podido encontrar a los cosmocívicos, y comunicarse cómodamente con los árabes.

El teléfono del sultán Hasan I (1892): un monopolio de los ricos hasta 1990

Las nuevas tecnologías de la comunicación fueron introducidas en Marruecos a finales del siglo XIX, con la instauración del primer servicio postal moderno. «Fue en 1892 cuando el sultán Hasan I dio luz verde a la organización de los correos marroquíes. En cuanto al protocolo legislativo, fue firmado en 1924 por el mariscal Lyautey [representante del gobierno francés en Marruecos]. En el momento de la independencia del país había 62.500 abonos telefónicos registrados, de los que solo 14.000, es decir, el 22,4 por ciento, estaban a nombre de marroquíes. En cuanto al télex, solo existían dos centralitas, que permitían conectar entre sí a ciento seis abonados.»[22]

Puede afirmarse, en suma, que durante un siglo, desde la época del sultán Hasan I hasta 1983, no hubo grandes cambios en el derecho de los ciudadanos al teléfono: «Hacia finales de 1983 Marruecos solo contaba con unas doscientas mil líneas telefónicas, más de cincuenta mil de las cuales estaban conectadas a centralitas obsoletas. [...] Por otro lado, las centralitas que usaban tecnología digital representaban menos de una décima parte del parque total».[23] ¡Los marroquíes de mi generación todavía recuerdan los tiempos en que para tener el privilegio de disponer de un teléfono en el propio domicilio había que engrasar la maquinaria, o sea, hacer intervenir al primo de la cuñada del marido de la tía del director de la central de correos de Rabat! Y para colmo de colmos todos los teléfonos del país estaban concentrados en la zona Casablanca-Rabat.[24] La apertura democrática de Marruecos —que describo en este libro— no se puede entender sin la democratización del acceso de los estratos bajo y medio al teléfono fijo, pero sobre todo al móvil. «El número de abonados de telefonía móvil se ha multiplicado por 116, pasando de 3.194 abonados en 1992 a 369.174 hacia finales de 1999.»[25]

Tiene su ironía que uno de los hombres que más han contribuido en los últimos años a la aceleración del proceso de democratización de Marruecos no sea el líder de un partido político histórico, sino un mago de las telecomunicaciones: el director de Maroc Télécom. A pesar de la privatización y la apertura del mercado nacional a la competencia de los *yinn* venidos de fuera, este hombre ha conseguido que su compañía siga siendo «líder nacional y operador preferido de los marroquíes». En 2002 anunció con orgullo que Maroc Télécom se mantenía en cabeza «con 4,6 millones de clientes en móviles y un millón de clientes en fija».[26]

Esta noticia me lleva otra vez a mi turista preferido, George Orwell. Imaginemos su felicidad en el Marrakech de los años treinta si los marroquíes que acariciaban sueños democráticos hubieran podido acariciar también un pequeño y simpático teléfono móvil. Pensemos en lo maravilloso que habría sido el invierno de Orwell en el Marrakech de 2004, el que describo en el cuarto capítulo («El Marrakech de Yamila»). Eso sí: el turista políticamente sensible que quiera descubrir a los cosmocívicos de Marrakech, presentes incluso en las barriadas más humildes, debe empezar por despojarse de siete estereotipos sobre los árabes en general, y sobre Marruecos en particular, aprovechando el lema de Simbad con el que Shahrazad abre su narración de *Las mil y una noches*:[27] «El que quiere alcanzar un alto rango vela por las noches. El que busca perlas debe lanzarse al mar».

Para descubrir las perlas del Marruecos cívico, despojaos como mínimo de siete estereotipos

Estereotipo n.º 1: Los cambios se producen más en el centro que en la periferia.

En el Marruecos cívico que intento describir en estas páginas hay más cambios en los pueblos del Alto Atlas y el desierto de Zagora y Figuig que en metrópolis como Casablanca o Rabat (véanse los capítulos 3, Ali Amahan, Simbad amazig, y 15, Zagora, seducida por los «cosmocívicos»).

Estereotipo n.º 2: Occidente, con su educación y sus adelantos tecnológicos, es superior a Oriente, debilitado por el analfabetismo y enquistado en la edad de piedra.

En el Marruecos cívico hay hijos de tejedoras analfabetas

que hacen prodigios con internet. ¿Será porque tejer una alfombra, con lo que tiene de proyecto laberíntico, requiere la máxima concentración? (véanse los capítulos 4, El Marrakech de Yamila, y 5, Marrakech se vuelve virtual).

Estereotipo n.º 3: Los licenciados generan más riqueza que los analfabetos.

En el Marruecos cívico, donde los medios de comunicación no se concentran obsesivamente en las élites aristocráticas urbanas, la contribución de las mujeres analfabetas a la riqueza nacional es más evidente, sobre todo en las alfombras, fuente constante de divisas extranjeras para el estado marroquí. Sin embargo, antes de que Delacroix y Matisse viajaran a Marruecos y reconocieran la condición de producto artístico de las alfombras, los autóctonos las consideraban simples objetos de decoración doméstica. En las últimas décadas, las mujeres se han tomado la revancha, pasando de la elaboración de alfombras a la pintura (véanse los capítulos: 8, Penélope en Marruecos; 9, Fátima Mellal; 10, Buscad a Venus en las alfombras; 11, Chaibia, y 12, La dinastía de las tejedoras pintoras).

Estereotipo n.º 4: Ser rico es tener dinero.

En el Marruecos cívico, el más rico es el que mejor domina el arte de la comunicación (véase el capítulo 14, El misterio del espejo del zoco de Agdz).

Estereotipo n.º 5: El conflicto entre hombres y mujeres es eterno.

En el Marruecos cívico de los locutorios y los cibercafés, los hombres y las mujeres se ayudan entre sí y colaboran en la invención de un futuro donde la solidaridad sea la norma (véanse los capítulos 13, Esauira, capital cívica, y 16, La Caravana Cívica).

Estereotipo n.º 6: La biculturalidad de Marruecos (árabe y bereber) es una desventaja.

Al contrario. En el Marruecos cívico, nuestra diversidad es una riqueza, porque la exploración de nuestros dos polos culturales y los malabarismos con nuestros dos idiomas nacionales, el árabe y el bereber, nos convierten en los grandes comunicadores que buscan la globalización. He descubierto que los habitantes del Alto Atlas y el desierto, gente que domina el árabe y el bereber desde la infancia, aprenden idiomas por sus propios medios y con una facilidad pasmosa, sobre todo inglés, francés y español. He descubierto que dominar varios códigos culturales incrementa las facultades comunicativas, tema que desarrollo en varios capítulos del libro.

Estereotipo n.º 7: No volváis a pronunciar la palabra «bereber». Sustituidla por «amazig».

¿Por qué? Porque la palabra «bereber» está cargada de xenofobia, ya que deriva de «bárbaros», término que en la antigua Grecia designaba a todo aquel que no era griego; en cambio «amazig» tiene connotaciones positivas: en tifinag, la antigua lengua del norte de África, significa «hombre libre».

Aprender a comunicarse con los extranjeros y dominar el arte de interpretar las diferencias siempre ha sido mi fijación. Desde el ataque del 11 de septiembre de 2001, que ha desestabilizado todo el planeta, y en particular el mundo árabe, las estadísticas diarias sobre muertes de civiles son una verdadera pesadilla. Comunicarse o morir: ese parece el destino de todos los ciudadanos del mundo que no están dispuestos a coger el fusil. Pero ¿cómo sacar beneficios de la globalización, que nos convierte en turistas durante gran parte del año, aunque sea a nuestro pesar?

Si damos crédito al premio Nobel de economía Joseph E. Stiglitz, la globalización tiene el potencial de aumentar el número de cosmocívicos. «Sustancialmente —explica—, se trata de una mayor integración entre los países y los pueblos del mundo, determinada por la enorme reducción del coste de los transportes y las comunicaciones y por la caída de las barreras artificiales a la circulación internacional de bienes, servicios, capitales, conocimientos y (en menor grado) personas.»[28]

Yo me he dicho que una buena iniciativa para empezar a gozar de las ventajas de la globalización es ayudar a los turistas que viajan a Marruecos a encontrar a sus aliados cosmocívicos, más valiosos que nunca en un momento en que tenemos que sobrevivir en un planeta donde las industrias de la muerte invaden todos los ámbitos para lanzar sus macabros mensajes a la juventud. El optimismo de Stiglitz pasa por alto un detalle negativo: la invasión de internet por los mercaderes cosmócratas de muerte, tanto los que reclutan a los jóvenes norteamericanos a quienes el Pentágono enviará a la batalla, como los emisarios clandestinos de las redes controladas por al-Qaeda, donde se reclutan terroristas.

En un artículo de oscuras notas orwellianas publicado en una revista del prestigioso Consejo para las Relaciones Exteriores se nos informa de que el uso de internet con objetivos bélicos no está monopolizado por grupos criminales como las organizaciones terroristas. «En el día de la Independencia, tradicional cita veraniega que reporta pingües beneficios a la industria del ocio, las Fuerzas Armadas de Estados Unidos pusieron en circulación su nuevo videojuego, "America's Army: Operations". Proyectado por el MOVES (Instituto de Modelación, Simulación y Entornos Virtuales) de la Escuela Naval de Perfeccionamiento de Posgrado de Monterrey, California, el juego —concebido como un instrumento de reclutamiento— se distribuye gratuitamente por internet.»[29] El autor del artículo añade que «el primer día de su distribución los militares incorporaron nuevos servidores para descongestionar el tráfico, estimado en unas cuatrocientas mil operaciones de descarga del juego. La web mantuvo una media de 1,2 millones de *hit per second* durante todo el mes de agosto». A continuación, el artículo argumenta que, contrariamente a lo que se esperaba al final de la guerra fría, el complejo industrial-militar no se ha visto debilitado. «Simplemente, se ha reorganizado. De hecho es más eficiente que antes […]. El complejo de la industria militar se ha convertido en la industria militar del entretenimiento.»[30] Tras subrayar que la confluencia de negocios entre Hollywood y el Pentágono puede ser bastante provechosa, ya que «los juegos de guerra son un pasatiempo muy popular», el autor invita al lector a reflexionar sobre las enormes consecuencias que esta industria puede tener en la seguridad, aunque solo sea porque los consumidores más probables de esos juegos son precisamente los musulmanes jóvenes a quienes al-Qaeda está intentando enrolar en el terrorismo. Es obvio que las redes del extremismo islámico tienen sus propias webs en lengua árabe, que les permiten —como hace el Pentágono— difundir su mensaje y tratar de obtener nuevos reclutas dispuestos a emprender una carrera de muerte y asesinato,[31] pero la disponibilidad de juegos de guerra colgados en la red por las Fuerzas Armadas estadounidenses supone en realidad un gran apoyo a las misiones de los jefes del terrorismo islámico, lo cual nos lleva a subrayar la necesidad de que los ciudadanos pacíficos del mundo refuercen sus redes de solidaridad y protejan a sus jóvenes de las añagazas de los mercaderes de muerte.

Así, con el recuerdo de Orwell, enfermo y solo en una habitación de hotel de Marrakech, es como he escrito este libro. Dios es testigo de que he procurado eludir en la medida de mis posibilidades la asfixia del estilo académico, pero sin renunciar a aportar datos pertinentes ni a salpimentarlo con descripciones históricas tomadas de mis guías favoritos: los geógrafos árabes al-Bakri (siglo XI) y al-Idrisi (siglo XII), así como dos historiadores fascinantes, Ibn Jaldun y León Africano. El primero nació en Túnez en 732 (1332 de la era cristiana); el segundo, cuyo verdadero nombre era Hasan al-Wazzan, vivió en el Marruecos del siglo XVI hasta que fue raptado por piratas italianos y vendido como esclavo al Papa, a quien describió su tierra natal.

Mi objetivo, en las siguientes páginas, es compartir con los extranjeros de paso y con mis compatriotas que van de vacaciones a su patria lo que me gusta más de Marruecos, y sobre todo lo que más me divierte cuando yo también me convierto en turista.

1

El príncipe español,
las sardinas y yo

Mientras no despiertes sus celos, los inte-
lectuales son gente muy amable. Yo a mi
colega el profesor Kamal Mellali siempre
le había considerado un amigo, hasta ese
fatídico domingo 11 de mayo de 2003 en
que coincidimos como de costumbre en el
zoco Akari, ante el puesto de pescado de Hmidu. Uno de mis
vínculos más fuertes con el profesor Kamal es que ambos na-
cimos en el interior de Marruecos —él en Imilchil, un pueblo
encaramado a las montañas del Atlas Medio, y yo en Fez, en la
ladera norte de la misma cordillera—, y que ambos descubri-
mos el Atlántico y el pescado a los diecinueve años, al emigrar
a Rabat para estudiar en la Universidad Mohamed V. Por eso
Hmidu —que nació en Salé, ciudad gemela de Rabat y antigua
capital de los corsarios, y que nos impresiona con su conocimiento de los más extraños peces— aprovecha para aligerar-
nos cada semana, a mí y a mi colega, de una parte sustancial
de nuestro sueldo. De sus antepasados, los corsarios que en el

siglo XVII se mezclaron con los europeos cuyas naves aborda-
ban, Hmidu ha conservado el pelo rubio y los ojos azules,
como los de los *yinn*. En su puesto nunca falta el cazón; por
eso todos pagan el precio que les pide sin mucho regateo. Ese
día, sin embargo, ocurrió un milagro: justo cuando me disponía a pagar los tres kilos de sardinas que había elegido con
amor, Hmidu, un hombre propenso a la avaricia, me lo impidió.

—¡No, *ustada* (profesora), tú hoy no pagas! —declamó
solemnemente.

—¿Por qué no? ¿Tengo pinta de estar en quiebra? —contesté recelosa (sobre todo porque en nuestros regateos sema-
nales, tan teatrales que la gente se acerca y se ríe, Hmidu suele llamarme Fátima).

—¡Para celebrar el premio Príncipe de Asturias! —res-
pondió él, levantando un brazo con una majestad digna del
imam de la mezquita de Lalla Sukaina, que a mi juicio es la
más bonita de Rabat.

—No puede ser —murmuró el profesor Kamal Mellali
con tono de resentimiento—. ¿Le has explicado tu premio li-
terario para no pagar las sardinas, como todo el mundo?

El profesor Kamal —un hombre guapo, de un metro noventa de estatura, con esa magnífica tez blanca resistente al
sol que caracteriza a los habitantes del Atlas Medio— estaba
rojo de indignación. Ya no podía controlar sus celos. Resulta
que el 8 de mayo las televisiones española y marroquí habían
anunciado la concesión del premio Príncipe de Asturias de las
Letras a una servidora, galardón que recibí en Oviedo el 7 de
mayo de 2003.

—¡Oye, Kamal, que yo no se lo he dicho! ¡Yo solo vengo
al zoco los domingos, como tú! —le susurré al oído para per-

suadirle de mi inocencia y tratar de calmarle sin ofender a Hmidu, que no entendía nada de lo que pasaba.

También yo estaba sinceramente sorprendida de que Hmidu lo supiera, ya que lo habitual es que el eco de los premios literarios se limite a la minúscula élite de iniciados que deambula pensativa por los pasillos de la universidad. Que yo sepa, en la historia moderna de los árabes los premios literarios nunca han sido aclamados en los zocos, como si fueran medallas deportivas; a menos, obviamente, que se acepte la hipótesis de la revolución mediática, pero en ese momento yo estaba demasiado escandalizada por la actitud de Kamal para pensar en Hmidu y en revoluciones. Recordé las palabras de mi abuela Yasmina: «Cuando una mujer se enfrenta a dos problemas, la estrategia de supervivencia exige eliminar provisionalmente uno de ambos para poder actuar con eficacia». En consecuencia, decidí ocuparme de Kamal antes de volver a dirigirme a Hmidu.

¡Kamal! ¡Mi venerable colega, a quien siempre había tenido en gran estima, me creía tan estúpidamente vanidosa para ir a Akari a pregonar mi triunfo y que los comerciantes me hicieran regalos! Está bien, soy vanidosa, pero al ser consciente de ello evito caer en la estupidez. Estaba indignadísima. Sin embargo, como soy una mujer taimada, y nunca demuestro a los hombres mi irritación, fingí un ataque de tos y pedí un poco de agua a Hmidu, distracción que me concedió unos minutos para reflexionar. Cuando un hombre te insulta, el mejor contraataque es desplegar la estrategia de Shahrazad: incitarle a que hable, y escucharle en religioso silencio.

Dicho y hecho. Invité a Kamal a probar los *bubuch* (caracoles) de Zazou, un vendedor ambulante que se gana periódicamente a los policías encargados de vigilar Akari hasta el punto de que cada primavera le permiten convertir la acera en un café con la ayuda de dos taburetes de plástico para sus clientes, y, convertida ipso facto en *yariya* (odalisca o esclava de un harén), acerqué servilmente a mi invitado el taburete más alto. Yo me senté delante, en el menor. Una de dos: o Kamal estaba celoso de mí, o creía de veras en mi estupidez. En ambos casos lo mejor era entender su psique, aunque solo fuera para enfrentarme con los cientos de colegas que debían de albergar sentimientos igual de nocivos hacia mi persona. Así pues, esperé a que terminara de saborear los caracoles cocinados a fuego lento con hierbas aromáticas para soltarle:

—¿A que es increíble que Hmidu no me deje pagar las sardinas?

Era una invitación a que se desahogara.

—¿Sabes que pasa? Que últimamente han dado premios literarios prestigiosos a decenas de marroquíes —comenzó a decir él—, desde los gigantes de nuestra generación, como el historiador Abdallah Larui y el filósofo Mohamed Abed al-Yabri, hasta los jóvenes que salen como setas, como el escritor Yasin Adnan y Mbarek Rayi, pero nadie lo pregona por los zocos, y el precio del pescado se mantiene estable. El año pasado, sin ir más lejos, Amsterdam concedió el premio Príncipe Claus al profesor Mohamed Chafik, eminente experto en cultura bereber. El Cairo dio el premio Naguib Mahfuz al filósofo Ben Salem Himmich, ¡y que yo sepa los pescaderos no han reaccionado! Por eso tu caso es tan curioso —concluyó, mirándome con desconfianza.

En ese instante se despertó la socióloga que llevo dentro, y entendí que si lograba convencer a Kamal, que en ese momento era mi enemigo, de que fuera mi aliado para ayudarme a entender mejor a Hmidu los dos saldríamos ganando y aclararíamos el misterio que hace que actualmente los premios literarios tengan peso en Akari.

—Oye, Kamal, ¿sabes qué? —propuse, hablando despacio y sin mover las manos, como las protagonistas de las películas americanas (esas que nunca pierden la calma)—. Vamos ahora mismo a ver a Hmidu, a ver si entendemos algo. El papel de investigador te corresponde. Pregúntale por qué no ha querido cobrarme las sardinas.

—Buena idea —contestó él, repentinamente eufórico por la salsa picante de los caracoles. Yo había sugerido a Zazou, mientras le pagaba generosamente por anticipado, echar una pizca de *guza* (nuez moscada) en el plato del profesor. A un hombre enfadado nunca le va mal un poco de afrodisíaco. La única contraindicación es que con la *guza* (según consejo del farmacéutico Yamal Bellajdar, mi experto favorito en la materia) no hay que exagerar: «En dosis excesivas, la nuez moscada es peligrosa. Basta una sola dosis para provocar somnolencia, aturdimiento y delirio (como observé personalmente en Rabat, en un hombre que había ingerido el polvo de tres nueces como afrodisíaco)». Tomada en dosis muy pequeñas, la *guza* tiene el mismo efecto que tres vasos grandes de Coca-Cola, excluido el gas. El caso es que de pronto el profesor Kamal se había vuelto muy cooperativo.

Cuando un hombre empieza a contar su infancia, y a hablar de sus emociones, es señal de que tiene ganas de colaborar. Kamal se puso a explicarme su niñez en Imilchil, cuando la nieve cerraba los caminos y aislaba los pueblos del Alto Atlas del resto del mundo, y él soñaba con recorrer los mares y pescar peces fabulosos, como Simbad. A continuación, mirando con ternura el puesto de Hmidu, añadió:

—Ahora ya sabes por qué me gustan tanto los peces grandes.

Yo le escuchaba atentamente. Con sus anécdotas de infancia, Kamal me estaba abriendo las puertas de su intimidad.

Así entendí que los hombres son unos románticos. Personalmente, cuando miro el puesto de Hmidu solo pienso en una cosa: en marinar el cazón con mucha salsa de jengibre, ajo y limón y hacerlo a la brasa.

2

Hmidu, los españoles
y Qasim Amin

Hmidu se extrañó de volver a vernos. La normal es que la gente solo vuelva si el pescado no está fresco, para montar una escena. Cuando Kamal le preguntó por qué no había querido cobrarme las sardinas, por qué había insistido tanto en regalármelas, se echó a reír. Consciente, sin embargo, de que su público estaba formado por dos profesores seriamente interesados, reflexionó un poco antes de contestar.

—Tengo dos razones para celebrar el premio de Fátima —dijo, mirándome orgulloso—. La primera es que el premio viene de España, y la segunda que se lo han dado a una mujer; ahora, que si os quedáis de pie no podré entrar en detalles.

Por una vez que un analfabeto daba clase a profesores universitarios, había que solemnizarlo al máximo. Lo entendí enseguida y, con un movimiento de las manos, convencí de lejos a Zazou de que nos prestara sus taburetes. Hablando con los dedos (es decir, frotando el pulgar y el índice) le expliqué que obtendría una remuneración. Los taburetes aterrizaron delante del puesto de Hmidu. Nos sentamos enfrente del mostrador, desde el que nos observaban dos escualos.

—Últimamente nuestros vecinos españoles nos las hacen pasar moradas —siguió explicando Hmidu—. Si quieres cruzar los trece kilómetros del estrecho de Gibraltar, te piden un visado. Si lo cruzas sin visado, es peor: te echan encima a policías en moto que te pillan por el cuello como a un criminal y te mandan otra vez para tu *duar*. Es más: si el presidente de un país muy lejano, por ejemplo Estados Unidos, que está a seis mil kilómetros, al otro lado del Atlántico, quiere bombardear a los pescaderos de Bagdad, adivina quién le ayuda. ¡Pues quién va a ser! ¡El jefe del Estado español! Total, que en este año lleno de guerras, odio y gritos, de repente un pequeño gesto de amistad del príncipe de Asturias nos dice: mis colegas del jurado han leído los libros de una de vuestras mujeres y les ha gustado mucho lo que escribe. Y ese premio español coincide con un momento en que todos los maridos de Akari que tienen un descodificador digital —como yo, sin ir más lejos— vuelven corriendo a casa cada tarde para ver *Qasim Amin*, la serie que está emitiendo la cadena nacional. Durante el mes del Ramadán, cuando la dieron por primera vez en exclusiva por los *fadaiyat* (canales por satélite), yo iba a verla a los cafés, donde no cabía un alfiler.

Tal era, pues, la misteriosa coincidencia que explicaba el impacto del premio español en la población: haber sido anunciado justo cuando *Qasim Amin*, un serial estrenado con gran pompa en Egipto durante el Ramadán de 1423 (noviembre de 2002), acababa de ser comprado por Marruecos, que había esperado a que bajasen los precios para emitirlo por la cadena nacional. Qasim Amin fue un juez egipcio nacido en 1863 en un harén de la aristocracia turca que dominaba el país, ocupado a la sazón por los ingleses. En 1899 conmocionó al mundo musulmán publicando *Tahrir al-marah* (La liberación de la mujer), un virulento manifiesto feminista que militaba contra el uso del velo y la poligamia, y que fue aplicado al pie de la letra por Kemal Atatürk cuando tomó el poder en Turquía y promulgó el código civil de 1926, donde se prohibía la poligamia y se concedía el voto a las mujeres.[1] Estas no se hicieron de rogar: entraron en competencia con los hombres, y en las elecciones de 1935 obtuvieron diecisiete escaños en el Parlamento.

Pero volvamos a la serie de 2002. No era la primera vez que la directora Inam Muhammad Ali, una de las cineastas más atrevidas de Egipto, perturbaba el equilibrio psicológico de los hombres; sin ir más lejos, detrás de *Umm Kulzum*, el gran éxito que narra la vida de la gran diva de la canción árabe, también estaba su talento. Con *Qasim Amin*, Inam Ali se ha ganado a los varones árabes y los ha obligado a identificarse con las mujeres, viviendo sus humillaciones. De hecho, el protagonista de la serie se identifica con su madre, humillada por la ley del harén, que atribuye todas las decisiones al hombre, mientras que no simpatiza con su padre, el arrogante gobernador turco de Sulaimaniya (capital de la región kurda del norte de Irak). Muhammad Amin, el padre de Qasim, ya estaba casado con una aristócrata de su clase cuando conoció a la madre del futuro juez, una egipcia de extracción humilde. «Muhammad Amin, que había emprendido un viaje de placer a Egipto, visitó el Said (las provincias rurales del sur) y al encontrar una familia de su agrado decidió tomar por esposa a una de las hijas, a quien llevó a la ciudad donde tenía su residencia, y donde vivía asimismo su primera esposa, una turca que al ser estéril no podía darle hijos. El embarazo de la esposa egipcia hizo muy feliz a Muhammad Amin.»[2] La serie, historia de un hombre nacido en el seno de la aristocracia pero que se identifica con su madre, es decir, con los débiles, ha tenido tanto éxito que ha llegado a eclipsar a *Faris bila Yawad* (Caballero sin caballo), la otra serie estrenada al mismo tiempo, durante el mes del Ramadán, cuando la audiencia árabe llega a su pico máximo, ya que al anochecer se reúnen casi todos alrededor de alguna mesa, delante de un televisor.

Es interesante señalar que en ambas series los protagonistas son hombres que se debaten entre las intrigas de los disolutos harenes de la aristocracia turca, en el Egipto colonizado y decadente de finales del siglo XIX y principios del XX. La diferencia es que el protagonista de la primera, Qasim Amin, es un nacionalista que odia a los ingleses que ocupan su país y lucha contra ellos militando por la liberación de la mujer, único medio, a su juicio, de poner fin a la colonización, mientras que el de la segunda, Hafid Naguib, adora a la aristocracia *british*, la admira y trata de aprovecharse de ella.[3] A diferencia de Qasim Amin, que es un juez muy honesto, el protagonista de *Faris bila Yawad* se entrega a toda clase de trapicheos, incluido el espionaje, y su personaje, un donjuán sin escrúpulos que traiciona tanto a las mujeres como a su país, es el representante de una aristocracia venida a menos, que prostituye Egipto.

En cambio, en *Qasim Amin* el espectador percibe el nexo entre la humillación de la mujer y la humillación de la patria y, aunque la campaña mediática estadounidense contra *Faris bila Yawad* (serie acusada de antisionismo)[4] se haya convertido en promoción publicitaria, parece que las preferencias de las masas se han decantado por *Qasim Amin*; así lo demuestra el hecho de que la gente como Hmidu la haya seguido con cariño de una a otra cadena. De hecho, parece ser esta idea del nexo entre la suerte reservada a las mujeres por los gobernantes y los sufrimientos de los varones la que ha calado en Hmidu.

—En la serie sobre Qasim Amin —nos explicó— te das cuenta de que la mujer no tiene poder. Ahí está el problema. De todos modos, siguiendo esta lógica, los hombres de extracción modesta somos como las mujeres: tampoco tenemos poder. Por lo tanto, estamos en el mismo barco. Por eso a mí también me honra que los españoles hayan dado un premio a una mujer. Por eso, de alguna manera, también estoy celebrando a Qasim Amin.

Concluido su discurso, Hmidu nos miró sonriendo. Kamal y yo estábamos tan sorprendidos por sus revelaciones que nos quedamos un buen rato callados. Durante el Ramadán de 2002, Hmidu —que solo dispone de un descodificador digital que se puede comprar en el rastro por quinientos dirhams (cincuenta euros) y que en total solo recibe unos cincuenta canales, incluidas las cadenas por satélite árabes— se había aficionado tanto a *Qasim Amin* que se metía en cafés abarrotados para seguir los primeros episodios, esos cafés que para atraer a la clientela le ofrecen descodificadores digitales equipados para la piratería, es decir, dotados de una serie de ranuras para insertar las tarjetas, que cuestan dos mil dirhams (doscientos euros). «Si no te interesa la piratería —me explicó el comerciante de la *Yutiya* (mercadillo) de Akari— te basta y sobra con un descodificador digital de mil dirhams (cien euros).»[5]

Debo confesar que en marzo de 2003, antes de enterarme del precio de los descodificadores, me pareció racista e indecente el título aparecido en portada de la revista francesa *Télé-Satellite*: «Piratería y falsificación en el Magreb». Desde mis investigaciones en Akari he cambiado de idea, porque me he dado cuenta de que el artículo de Maamar Farah (el corresponsal argelino de *Télé-Satellite*), lejos de ser racista, describe fielmente la realidad: «En la orilla sur, que no participa de la comercialización oficial de los paquetes nacionales europeos, las tarjetas piratas y las CAM cada vez más perfeccionadas que las activan se venden a pleno sol. Ahora mismo están muy de moda los módulos de tipo Universal y Magic, que en los últimos modelos prefiguran lisa y llanamente la desaparición de las tarjetas; las CAM se actualizan automáticamente y funcionan a la vez como lectores y como tarjetas».[6] Tras describir el papel central de Argelia en el comercio de tarjetas piratas, Maamar Farah añade que una vez que el material ha entrado por los grandes puertos argelinos sale por tierra directamente a Marruecos y sobre todo a Túnez.

Pero volvamos nuevamente a Qasim Amin.

Una de las cosas que pone de relieve la directora de la serie es que el protagonista concluyó brillantemente sus estudios de derecho e inició una carrera que lo elevó a las altas esferas de la magistratura, hasta su nombramiento como consejero del tribunal de El Cairo en 1892. Su feminismo conmocionó a las autoridades religiosas y a los conservadores que ostentaban el poder, debido a que se aventuraba en el peligroso territorio del amor, golpeando a los hombres en su punto débil: el narcisismo. «¿Cuál creéis que sería la respuesta de la mayoría de los hombres casados a la pregunta de si sus mujeres los quieren?» Así empieza Qasim Amin su libro; y, tras despertar la curiosidad de los lectores (sobre todo varones), usa un árabe ejemplar, en el que la limpidez de los términos realza la agudeza de los pensamientos, para dar la siguiente respuesta: «La mayoría de los maridos respondería que sí, pero la realidad dista mucho de coincidir con lo que creen». Y añade: «He hecho una encuesta sobre el tema en varias familias con reputación de estar muy unidas, y hasta el momento no he hallado ni una sola en que un hombre quiera a su mujer, o lo contrario, en que una mujer quiera a su esposo».[7] Cuesta poco imaginar el impacto que produjo Qasim Amin en el Egipto de su época, pero también el impacto actual de su mensaje, difundido simultáneamente y sin interrupción desde noviembre de 2002, por satélite y por varios canales. A este admirable Qasim Amin (y al anuncio concomitante e inesperado de mi premio español) debía yo, en consecuencia, no haber pagado las sardinas que me llevaba a casa. Bien pensado, sin embargo, Hmidu acababa de darme algo más que tres kilos de sardinas: me había hecho el magnífico regalo de confirmar mi teoría sobre el satélite, esa teoría que mis colegas de la Universidad Mohamed V, empezando por mi querido profesor Kamal Mellali, califican de bobada. Según esta, en el mundo árabe ya no hay analfabetos, porque el acceso al saber ya no pasa por la letra escrita sino por la comunicación oral. A mi entender, el satélite ha devuelto el territorio de la narración al pueblo, como en el Bagdad de *Las mil y una noches*, donde el aprendizaje se hacía en la calle, mediante la comunicación oral, no a base de varios años en la escuela o la universidad aprendiendo manuales de memoria. Hasta aquel memorable domingo, el profesor Kamal Mellali, uno de los mayores expertos en *Las mil y una noches*, y por lo tanto en literatura oral, había rechazado mi teoría sobre el satélite porque no le parecía convincente en ningún aspecto. Vaya, que ese domingo fue para mí el día inesperado de mi triunfo. Sin embargo, no me convenían grandes aspavientos, sino una cualidad que me falta, como es la discreción.

Volvamos a Hmidu. Una vez devueltos los «asientos» a Zazou, cuando Kamal y yo nos dirigíamos a nuestros coches, oí que me llamaba. Parecía haber olvidado algo importante.

—Fátima, tengo una idea —empezó a decir, algo inseguro.

—Date prisa, Hmidu, que me muero de hambre —contesté, temiendo que se embarcase en otra *jutba* (sermón) sobre Qasim Amin.

—¿Por qué no escribes un libro para los españoles, como respuesta al premio que te han dado?

Casi gritaba para hacerse oír sobre el barullo infernal de la calle.

—¿Y qué diría en ese libro, Hmidu? ¿Cuál es tu mensaje?

Confieso que me intrigaba. Normalmente me horroriza que me digan qué tengo que escribir, y he perdido oportunidades increíbles de ganar dinero fácil escribiendo por encargo, pero aquella propuesta me intrigaba.

—Ya sabes, Fátima —me explicó él, asomado al umbral de su puesto—, que para abrirse al mundo y ser inteligente hay que hablar con los extranjeros. Como Simbad. Lo malo es que los turistas que vienen a Marruecos se encierran en los hoteles de lujo. ¿Por qué no escribes un libro que les permita encontrarse con personas sencillas, como yo? Hay muchos jóvenes que no pueden permitirse viajar, pero que estarían encantados de sacarle alguna utilidad a la máxima ventaja que pueden brindar los turistas: el encuentro con extranjeros.

Un policía puso fin a nuestra conversación, por la simple razón de que yo había aparcado en la calzada para oír mejor a Hmidu y estaba bloqueando todo el tráfico de Akari. Felicísimo de ver que me marchaba, el buen hombre me ayudó a salir haciendo grandes gestos para alejar a los peatones, como si tuviera miedo de que los atropellase. Hay que decir que yo estaba muy distraída, enfrascada en el reto que acababa de lanzarme Hmidu. ¿Cómo transformar mi proyecto de libro sobre el impacto del satélite en el mundo árabe —un libro tirando a académico en el que llevo años trabajando y que habría titulado *Ciberislam*— en una guía para turistas? Vaya, que en el fondo Hmidu no me había simplificado precisamente la vida.

Al cabo de dos semanas de reflexión, decidí escribir un libro sobre un Marruecos portentoso que me ha dejado sorprendida, estupefacta y cambiada, un país totalmente ignorado por las grandes agencias: el reino del civismo. Decidí compartir mi estupefacción y admiración por un país que me dejó sin aliento cuando, en mi calidad de socióloga e investigadora del Instituto Universitario de Investigación Científica de la Universidad Mohamed V, emprendí un viaje de investigación sobre el impacto del satélite, justo después de la primera guerra del Golfo (1991) y la aparición de las parabólicas. Como a Simbad el Marino, el viaje me cambió. Lo que quiero decir es que para descubrir maravillas debemos estar dispuestos a trabajar a fondo con nosotros mismos y a liberarnos de los estereotipos que nos ciegan. El Marruecos que os propongo descubrir es ante todo el de los jóvenes del campo, el Marruecos de las montañas (Alto Atlas) y de los desiertos (Figuig, Zagora), poblado por una juventud activa que utiliza internet y la energía solar mucho más que los ciudadanos que viven en Casablanca.

PRIMERA PARTE

3

Satélite y confianza personal
o jóvenes que navegan sin moverse de su sitio

Ali Amahan, Simbad amazig

Yo ya sabía que en el mundo hay miles de artesanos que venden sus productos por internet gracias al intermediario de PeopleLink, una asociación que se define como «organización que vende objetos de artesanía en internet siguiendo los principios del comercio justo. [...] Ofrece productos en la red de más de 130.000 artesanos de catorce países de África, Asia y Latinoamérica. Sus socios fotografían sus propios productos con una cámara digital, lo cual les permite presentarlos por internet y recibir encargos de todo el mundo».[1]

Confieso, sin embargo, que en lo primero que pensé fue en los hindúes, tan listos ellos; ni por asomo lo hice en mis compatriotas, hasta que Yamila Hasun —que dirige una librería en Marrakech, en el barrio de la universidad, y está muy atenta al mundo juvenil— me informó de que los habitantes de Ait Iktel, un pueblo de montaña situado a cien kilómetros de Marrakech, habían recibido un premio por la venta de productos vía internet; que en Zagora la ADEDRA (Asociación para el Desarrollo del valle del Dra) está formando a jóvenes para que puedan educar a los turistas sobre la protección de las gacelas y los yacimientos prehistóricos, y que en Figuig su amigo Mustafa Buchrad ha creado una página web destinada a fomentar el turismo ecológico.

Considerando que desde 1062 (454 de la hégira), fecha de la fundación de Marrakech, sus habitantes son famosos por su tendencia a mentir, sobre todo a costa de los habitantes de Fez, sonreí a Yamila para demostrarle que no soy de las que se lo tragan todo.

Entonces ella añadió:

—Recuerda que el sur sufre un déficit de población. Las ONG intentan que los jóvenes usen las tecnologías más avanzadas para no emigrar. Piensa que un país como India, que destaca en tecnología informática, tiene el mismo índice de analfabetismo que Marruecos. De hecho, el ejemplo que ha inspirado a los amazig del Alto Atlas, como Ali Amahan, ha sido el hindú.

Mis orejas se irguieron como antenas. A Amahan le conozco muy bien (de haberle «reventado a entrevistas», según su mujer Catherine Cambazard, que sostiene que hostigué telefónicamente a su marido durante el período en que escribí mi libro sobre las ONG rurales del Alto Atlas),[2] pero ignoraba las estadísticas hindúes.

Los amazig y el modelo hindú: se puede ser analfabeto y utilizar internet

Yamila me enseñó inmediatamente *The Little Data Book 2002* del Banco Mundial, y al hojearlo me di cuenta de que tenía razón. En 1998, India y Marruecos tenían prácticamente el mismo índice de analfabetismo y la misma infraestructura tecnológica, tomando como indicadores el número de líneas telefónicas y el acceso a internet. Si en Marruecos el 40 por ciento de los hombres y el 66 por ciento de las mujeres estaban clasificados como analfabetos, en India las cifras se referían a un 33 por ciento de los hombres y un 57 por ciento de las mujeres.[3] Por lo que respecta al teléfono, en India tenían línea telefónica veintidós de cada mil habitantes, mientras que en Marruecos eran cincuenta y cuatro. En cuanto al acceso a internet, Marruecos gozaba incluso de una ligera ventaja sobre India, ya que en este último país solo estaba conectado el 0,18 por diez mil, frente al 0,28 marroquí.[4]

El sueño de los intelectuales del sur de Marruecos —seguir el ejemplo hindú— no tiene nada de surrealista, sobre todo si consideramos que actualmente, según los expertos de la *Harvard International Review*, Estados Unidos funciona gracias a la importación de cerebros hindúes: «Después del boom de la industria vinculada a los ordenadores en los años ochenta y noventa, muchos profesionales hindúes emigrados a Estados Unidos en los años sesenta y setenta ocupan cargos de liderazgo en el sector de la tecnología informática. [...] Actualmente, en Silicon Valley, uno de cada tres ingenieros es de origen hindú».[5] Silicon Valley es la famosa región californiana donde se concentran las empresas de alta tecnología. Actualmente, sin embargo, India sufre escasez de jóvenes: «Habiendo perdido a la mayoría de los jóvenes con buena formación (*skilled workers*), que emigraron a Occidente en el transcurso de las últimas décadas, India está teniendo dificultades para cubrir todos los puestos de trabajo que precisa para el sector nacional de la tecnología informática, actualmente en auge».[6] Al reflexionar sobre India me di cuenta de que la emigración juvenil es una de las obsesiones de los intelectuales del sur de Marruecos adscritos a alguna ONG, por tratarse de una zona que siempre ha estado en peligro de despoblación. En los años ochenta, el Ministerio de Planificación ya clasificaba algunas regiones como Figuig bajo el marbete de «crecimiento demográfico negativo».[7] En las regiones del sur de Marruecos, la baja densidad de población es un problema que viene de lejos: en 1986 era de 6,6 habitantes por kilómetro cuadrado, tanto en las regiones de Agadir y Tarudant, al oeste, como en las de Uarzazat y Zagora, al este.[8] Sin duda, conectar a los jóvenes con internet para evitar que emprendan el vuelo a Europa parece la solución ideal.

Las ganancias en el zoco virtual: un volumen de negocios de 650.000 dólares

Los artesanos marroquíes afiliados a la asociación de Ait Iktel recibieron un premio de la Unesco por un proyecto de ámbito mediterráneo consistente en vender productos artesanales por internet. Desde el principio de su actividad en el «zoco virtual» han ganado directa o indirectamente 650.000 dólares. El 90 por ciento de esa cantidad ha ido a parar a los artesanos marroquíes y libaneses afiliados a las asociaciones implicadas en el proyecto.[9]

Al entrar en su web (www.southbazar.com), se nos recibe así: «El zoco virtual, *elsouk*, ofrece artículos producidos por artesanos marroquíes, libaneses y egipcios sin acceso al mercado internacional».[10]

Las tres últimas palabras son las que destapan el secreto del boom cívico en las regiones montañosas y desérticas más marginadas de Marruecos. El acceso al mercado internacional era prácticamente imposible, ya que la población vive en aglomeraciones muy dispersas. «El pueblo de Ait Iktel […] está situado en el Alto Atlas, a cien kilómetros de la ciudad de Marrakech. Se accede a él por la carretera que sale de la presa Mulay Yusef (12 km). El clima es de tipo continental, caluroso en verano y frío en invierno. […] La población se estima en 800 personas, equivalentes a 121 familias.»[11]

Os advierto que soy de las que sueñan con ganar millones por internet. Fui uno de los primeros ciudadanos del planeta en procurarse un ordenador personal, desde la aparición de los primeros Macintosh en 1967, y fantaseo con quitarme de encima el yugo de las editoriales, vender directamente mis libros en el zoco virtual y hacerme millonaria, aunque a día de hoy no he conseguido ganar… ¡ni un dólar virtual! Y mientras tanto los campesinos de Ait Iktel llevándose premios a casa…

Pero los habitantes de Ait Iktel y sus alrededores tenían un problema para conectarse a internet que yo no había tenido: primero tenían que conectarse a la red eléctrica, ya que en cincuenta años de independencia (obtenida en 1956) el estado marroquí no ha hecho estrictamente nada para las zonas rurales. Si nos atenemos a los hechos, el llamado «Estado nacional» ha sido más bien un «Estado de las ciudades», en la medida en que se ha conformado con cubrir de oropeles a los urbanitas como la que suscribe. El censo de la población marroquí de 1994 reveló que solo el 9 por ciento de las viviendas rurales tenía electricidad y el 4 por ciento, agua corriente, mientras que el 80,7 por ciento de las viviendas urbanas disponían de lo primero y el 74 por ciento de lo segundo.[12]

1994-1998: ONG de campesinos equipan el pueblo

Aparte de la falta de electricidad, las mujeres del pueblo tenían que recorrer dos kilómetros en busca de agua potable, y solo el 5 por ciento de las niñas y el 20 por ciento de los niños estaban escolarizados en un centro público situado a tres kilómetros.[13] Tras la creación de varias asociaciones locales, entre ellas la asociación cultural Goyama, fundada en 1994 por un pequeño grupo de personas normales y corrientes nacidas en el pueblo pero residentes en Casablanca o Rabat, los proyectos de suministro eléctrico e hídrico se hicieron realidad gracias a un donativo inicial de la embajada de Japón (473.180 dirhams), cuyo ejemplo fue seguido por Alemania (130.000 dirhams) y Francia (50.000 dirhams).[14] En 1997, después de una movilización que duró tres meses, las 121 familias organizaron una fiesta para celebrar la llegada de la electricidad al pueblo. Los siguientes pasos fueron el suministro de agua potable, la construcción de colegios y la restauración del dispensario, que desde entonces se alimenta de energía solar. ¿Cuál era el secreto de los campesinos de Ait Iktel? Según Amahan, la receta es sencilla: «Cuando un pequeño grupo de campesinos participa en todas las etapas de un proyecto, desde su concepción hasta el reparto de las tareas de mantenimiento, consigue milagros». La auténtica movilización se produce cuando el grupo no es manipulado por un jefe que ya tiene el proyecto en su cabeza.

Según Amahan, cuando funcionan las cosas es cuando la jerarquía de estructura vertical, la que pone al jefe en un pedestal y al resto del grupo a sus pies, es sustituida por una estructura horizontal, donde el jefe se coloca al mismo nivel que los demás miembros. «Cuando te fías de los campesinos —repite—, cuando procuras darles toda la información de que dispones y les incitas a que elaboren ellos mismos un proyecto para resolver sus problemas, es cuando funciona. Y cuando funciona un poco, la gente echa a correr, impulsada por su propio éxito.» El caso es que en un plazo de dos años el índice de escolarización de las niñas entre seis y veinte años pasó del 5 por ciento al 50 por ciento, y ahora la gente del pueblo tiene tal confianza en su capacidad de transformar el mundo donde viven que en 1998 empezaron a construir el segundo colegio.[15]

Hay que decir que en Ait Iktel la gente tenía prisa, sobre todo los más viejos. Querían evitar que los jóvenes se fueran a estudiar a otro sitio. Desde los años sesenta, la emigración era tan alta que el pueblo vivía doblemente atado a los ausentes: «Desde hace unos treinta años, las aportaciones de los trabajadores emigrados se han convertido en el principal recurso económico. [...] En todos los hogares hay como mínimo una persona que trabaja en el extranjero o en otras ciudades marroquíes».[16]

Una de las ventajas de las asociaciones modernas es que, a diferencia de la *yamaa* tradicional —el consejo formado por el grupo que gestiona los asuntos, compuesto sobre todo por hombres de cierta edad—, las ONG invitan a los jóvenes y las mujeres a participar en las decisiones. Personalmente, quedé fascinada por la aventura de estas personas, que allá arriba, en las cumbres nevadas del Alto Atlas, trabajaban eficazmente en grupo, entre otras cosas porque reconozco que me cuesta muchísimo integrarme en un proyecto colectivo. Después de tres horas de cháchara en un despacho de Rabat, me dan ganas de escaparme al desierto. Por eso no me cansaba de llamar por teléfono a Amahan para entender de dónde sacaba la paciencia necesaria para soportar el trabajo en grupo.

Fue entonces cuando su mujer Catherine me aconsejó leer *La democracia en América*, de Tocqueville, para que no siguiera importunando a su marido, y yo colgué sin confesarle que no tenía el gusto de conocer a ese señor, ya que mis lecturas sobre Estados Unidos habían empezado por el movimiento hippy y los años setenta, cuando fui a estudiar a Estados Unidos. Debo decir, no obstante, que cuando vi que Tocqueville describe punto por punto la dinámica de Ait Iktel quedé tan sorprendida que propuse a Ali Amahan emprender una campaña para reinvindicar su pertenencia al patrimonio bereber. Resulta que Alexis de Tocqueville piensa exactamente como un amazig.

Para felicidad de Alexis de Tocqueville: votar en el Alto Atlas en el siglo XVI

Así es. Leer a Alexis de Tocqueville —joven aristócrata francés que en 1831, a los veinticinco años, huyó del despotismo de su país embarcando para América— me ayudó a entender el milagro de Ait Iktel: «Es en el municipio, en el centro de las relaciones habituales de la vida, donde vienen a concentrarse el deseo de estima, la necesidad de gratificaciones reales, el ansia de poder y popularidad; estas pasiones, que tan a menudo perturban a la sociedad, cambian de carácter cuando se ejercen junto al hogar doméstico y, como si dijéramos, en el seno de la familia».[17] Enfocar al individuo en la comunidad y animar a la población a trabajar en grupo, de modo que el interés general prevaleciera sobre las necesidades privadas, era una tradición milenaria en el Marruecos de los amazig, unos hombres que daban gran importancia a seguir siendo libres, y que huyendo de las invasiones extranjeras, tanto las romanas como las árabes del siglo VII, se atrincheraron en sus ciudadelas hasta el punto de que los árabes tardaron varios siglos en vencer. La determinación de conservar la independencia entre los habitantes del Atlas no pasó desapercibida a ningún viajero, desde Heródoto a Ibn Jaldun (siglo XIV) pasando por al-Idrisi (XII), pero la descripción más célebre es la de León Africano, porque revela que en el siglo XVI los amazig disponían de un gobierno republicano. Dos siglos antes de que los franceses pusieran en marcha su revolución, un árabe hecho prisionero en Yerba por los corsarios describió la práctica del voto como un uso corriente entre los bereberes. En 1518, mientras paseaba tranquilamente por la ribera sur del Mediterráneo, el pobre Hasan al-Wazzan fue raptado por el corsario siciliano Pietro Bovadiglia, que se lo llevó a Italia y se lo vendió al Papa. Este último (tras bautizarlo como Juan León en 1520, para eliminar la sonoridad demasiado árabe de su nombre) le pidió una descripción de su África natal. León Africano describió así Tidzi, una ciudad próxima a la actual Tarudant: «Ciudad grande, de cuatro mil hogares y obra asimismo de los antiguos africanos, dista hacia levante de Tarudant treinta millas; de la mar océana, sesenta, y del monte Atlas, veinte. Es tierra abundosa y fructífera, en la que nacen mucho trigo, índigo y azúcar, y a la que llegan traficantes de la Tierra de Negros. Vive su gente en paz, y es cortés y honesta. Se gobiernan a modo de república, rigiendo siempre seis hombres elegidos y por un plazo de dieciséis meses».[18]

Este pasaje nos ayuda a eliminar muchos clichés de un manotazo, y echar por tierra el mito de que la democracia es una característica casi genética de los europeos y sus antepasados griegos. Lo cierto es que si la sociedad civil y la movilización de los ciudadanos han tenido que esperar hasta los años noventa no es, como cree el señor Bush, porque a las poblaciones árabes nunca se les hubiera ocurrido, sino porque las fuerzas internacionales que manipulan sus Estados no habían permitido que se reunieran en asociaciones. En Marruecos, antes del ajuste estructural dictado por el Banco Mundial y el Fondo Monetario Internacional al término de la guerra fría, fundar una asociación se consideraba un acto sedicioso, prohibido a efectos prácticos. Solo los altos funcionarios podían permitirse el lujo de crear falsas ONG.

En el resquicio entre arcaísmo y virtualidad: visitad Imilchil, pueblo cívico

Según la guía publicada por la prestigiosa editorial Hachette, el pequeño pueblo de Imilchil, engastado en el Alto Atlas a 2.600 metros de altura, está fosilizado en su arcaísmo. La guía lo presenta como un lugar donde siguen vendiéndose novias a cambio de camellos.[19] Con ello Hachette lesiona los derechos del turista europeo, ya que omite informarle sobre la revolución cívica que está experimentando el pueblo, revolución que por otro lado le toca de cerca, ya que el turista, como ciudadano del mundo, puede poner su grano de arena. Situado a 170 kilómetros de Beni Mellal, y de difícil acceso —ya que para llegar es necesario aventurarse por pistas francamente duras—, Imilchil aparece en las guías turísticas en virtud del *musem* que se celebra en septiembre. Para gozo del viajero europeo cansado de su modernidad, esta fiesta de esponsales se presenta como una amalgama de prácticas folclóricas donde se funden la cultura amazig y el arcaísmo. «La fiesta, que

EL ATLAS DESCRITO POR LOS VIAJEROS

El Atlas visto por Heródoto

«[La montaña del Atlas] es estrecha y totalmente circular; y tan sumamente elevada que, según dicen, sus cumbres no pueden divisarse, pues nunca, ni en verano ni en invierno, las abandonan las nubes. Los lugareños afirman que esta montaña es la columna del cielo. Dicha montaña ha dado su nombre a tales individuos, pues, efectivamente, se llaman atlantes. Y por cierto que, según cuentan, no se alimentan de ningún ser vivo, ni tienen visiones en sueños.»

Heródoto, *Historia*, traducción de C. Schrader, Gredos, Madrid, 1986, libros III-IV, pp. 456-457. Según Heródoto, los habitantes del norte de África, desde el Atlántico hasta Egipto, no consumían carne de vaca ni de cerdo.

El Atlas visto por el geógrafo al-Idrisi

«El camino de Tarudant a Agmat Warika pasa al pie del Alto Atlas. Pocas montañas hay en el mundo tan altas, fértiles, largas y densamente cubiertas de cultivos como esta. La cadena se extiende hacia oriente en línea recta desde el vecino océano, en el extremo de la región del Sus, hasta las montañas de Nafusa. Aunque adopte el nombre de las montañas de Trípoli al unirse con ellas, ambas forman un todo que posteriormente disminuye y se extingue. Más de un viajero, sin embargo, asegura que esta cordillera llega al mar. [...] Produce toda clase de frutas y está cubierta de árboles raros [...] Se hallan en su cumbre muchas fortalezas y villas fortificadas, cuyo número supera las setenta.»

Abu Abd Allah Muhammad al-Sharif al-Idrisi, *Kitab nuzhat al-mushtaq fi ijtiraq al-afaq* (Libro de las delicias de quien se apasiona por el descubrimiento de nuevos horizontes), Maktabat al-zaqafa al-diniya, El Cairo (s.f.). Yo uso mucho la traducción francesa: Chevalier Jaubert (ed.), *Idrissi: la première géographie de l'Occident*, Flammarion, París, 1999. En el siglo XII, al-Idrisi dedicó su libro al rey de Sicilia, Roger II.

El Atlas visto por Ibn Jaldun

«Las cadenas del Deren (Atlas), en la punta del Magreb, figuran entre las mayores montañas del mundo. Hunden sus raíces en el corazón de la tierra, sus ramificaciones se pierden en el cielo, su masa llena el espacio y su alineación forma un cinto en torno al Magreb cultivado. [...] En estas montañas se observan torrentes por doquier; el suelo está cubierto por un denso manto de vegetación, y en los riscos hay árboles altos que dan sombra. Se hallan en gran abundancia los frutos de la agricultura y la ganadería. Hay grandes dehesas y terrenos de caza, y la tierra es excelente para los árboles frutales, lo cual supone una riquísima fuente de ingresos. Las tribus masmudi que las habitan están constituidas por un número tan alto de naciones que solo su creador conoce la cifra exacta. Con sus fortalezas y ciudadelas, sus grandes edificios y castillos, las tribus viven en estas montañas en completa autonomía respecto al resto del universo. Los mercaderes acuden a ellas desde las más diversas regiones, y gustan de frecuentarlas hombres de todos los países y capitales.»

Ibn Jaldun, *Le voyage d'Occident et d'Orient*, traducción francesa de Abdeselam Chedadi, Sindbad, París, 1980, volumen II, p. 534 y ss. Ibn Jaldun describe el Atlas en su *Kitab al-ibar* (Libro de los ejemplos instructivo), cuya primera versión ofreció al sultán hafsí de Túnez en 1381 (783 de la hégira).

para ser exactos se celebra en Ait Amer, unos veinte kilómetros más al sur, convoca a los jóvenes de la región, que acuden a elegir prometida. Los festejos duran tres días y tres noches. Los padres negocian el valor de la dote en dromedarios, terrenos o rebaños.» Lo que olvida señalar la guía es que, después del ajuste estructural que liberó a la ciudadanía de las obligaciones de los permisos burocráticos, los habitantes de los veinticuatro *duar* del valle de Imilchil, 17.000 personas en total, fundaron la asociación ADRAR (montaña en bereber) y han sido capaces de obtener en pocos años, y a un coste increíblemente bajo, los siguientes resultados:

— llevar energía eléctrica a veintidós *duar*, con un coste medio de 182.000 dirhams (18.200 euros), dotándose de grupos electrógenos o paneles solares individuales;
— suministrar agua a veintiún *duar* a un coste que no ha excedido los 2,3 millones de dirhams, por «derivación del agua de diez manantiales, construcción de cien puntos-fuente, ocho depósitos, ocho perforaciones y cuatro pozos equipados»;
— plantar 25.000 manzanos y 2.500 nogales;
— construir una biblioteca y un hogar infantil dotado de diez comedores escolares, y asegurar la calefacción de veintidós colegios y el funcionamiento de veintidós comedores.

Huelga añadir que gracias a esta movilización la asociación ha podido crear una serie de puestos de trabajo para los jóvenes, quienes se han dado cuenta de que los bíceps son tan valiosos como el cerebro, ya que la retribución se calcula en número de días trabajados. La asociación ADRAR se encarga de que todos estén informados de todo, desde la identificación del proyecto hasta su realización, ya que no todo se agota con la ejecución del proyecto: cuando el panel solar, la fuente o la biblioteca están acabados hay que garantizar su gestión y manutención diarias. La única manera de estar seguros de que el proyecto será duradero es reconciliar a los ciudadanos con un Estado que siempre los había ignorado, y crear una sincronización que nunca había existido entre los deseos de los gobernados y de los gobernantes: «Se ha obtenido una formalización de la participación popular mediante un acuerdo entre tres: ADRAR-*duar*-autoridades locales».

Quien busque «Imilchil» por internet se encontrará de golpe ante una serie de fantasmas, desde «Adrar Adventure» (http://www.adrar-adventure.com), que ofrece «un Marruecos exótico a cuatro horas de vuelo desde Londres, 3.500 kilómetros de la costa Atlántica y 500 del Mediterráneo», hasta Imilchil.com, una agencia matrimonial virtual, pero las webs que venden el Imilchil cívico son pocas. ¿Será porque las personas que están construyendo colegios y excavando pozos no han tenido tiempo de hacer una página web? Lo que está claro es que millones de europeos amenazados por el desempleo, o ya jubilados, y con ganas de encontrar un paraíso donde el grupo anteponga la utilidad pública a la privada, europeos deseosos de echar raíces en una comunidad ebria de su propia solidaridad y dispuesta a dar la bienvenida a cualquier extranjero, tendrían gran interés en conocer nuestro Imilchil cívico.[20]

El milenario sueño democrático de los amazig: el ajuste estructural

«En los centros pequeños era prácticamente imposible crear asociaciones. Las pocas asociaciones de padres de alumnos que había en algunas aldeas rurales estaban controladas y/o neutralizadas por las autoridades. La apertura política de finales de los años ochenta desencadenó una proliferación de asociaciones. [...] Los pueblos han entendido rápidamente la utilidad de esas instituciones como instrumentos de desarrollo, aunque su creación siguiera sin ser fácil en aldeas aisladas y carentes de población escolarizada.»[21] Este pequeño parte administrativo nos descubre que el paraíso de los ciudadanos fue orquestado jurídicamente por el Estado. El hecho de que los países árabes no se hayan democratizado no significa que sus ciudadanos sufran una malformación biológica, sino algo mucho más sencillo: que el sistema internacional, dominado por Occidente, les había impuesto unos aparatos estatales cuya función primaria consistía en tener firmemente sujeta a la población. El Banco Mundial y el Fondo Monetario Internacional, que han asesorado y formado a nuestros burócratas, lo sabían muy bien. Conocían perfectamente el arsenal jurídico que impedía el ejercicio del asociacionismo. La movilización solo empezó cuando esos organismos decidieron que había llegado el momento del ajuste estructural. «El desinterés del Estado, pero sobre todo las reducciones presupuestarias, que afectaron a los ámbitos de lo social, originaron una recesión que fue en detrimento de las poblaciones más pobres de las zonas desfavorecidas.»[22] Por eso fue en estas zonas desfavorecidas, con el sur de Marruecos en cabeza, donde se produjo el auge de las ONG, cuyo impacto ha sido fulgurante.

Para tranquilizar al señor Bush, y que deje de angustiarse por la democracia en los países árabes, le aconsejo que el próximo fin de semana, en su rancho, medite a fondo en este breve pasaje de Tocqueville, que nos recuerda que la fuerza de los ciudadanos debería preocupar a todos aquellos que desean mantener el monopolio del poder en lo más alto de la jerarquía, es decir, los déspotas: «El despotismo, medroso por naturaleza, ve en el aislamiento de los hombres la mayor garantía de su propia duración. No hay vicio del corazón humano que le agrade tanto como el egoísmo; un déspota perdona fácilmente a los gobernados su falta de afecto, con tal de que tampoco se estimen entre sí».[23] Alexis de Tocqueville sabía muy bien de qué hablaba, ya que había nacido en 1805 en un país europeo (Francia) cuyos ciudadanos soñaban con la democracia pero no conseguían darle cuerpo debido a que las mafias nacionales e internacionales que ocupaban el poder guardaban férreamente los recursos y no estaban dispuestas a cederlos.[24] Cuando se hace turismo por los países árabes hay que releer a Tocqueville para entender la razón de que antes de los años noventa los ciudadanos estuvieran paralizados, y de que justo después se produjera esa eclosión de la sociedad civil. Solo si los europeos se dan cuenta de que la democracia —es decir, el hecho de elegir a nuestros gobernantes y vigilar su comportamiento— no es en absoluto una especialidad del norte del Mediterráneo, podrán dejar de angustiarse por las invasiones de los «bárbaros» y albergar el deseo de conocer a los amazig, hombres libres con mucho que enseñarnos.

Por eso os propongo seguir con nuestro viaje por el Marruecos cívico, pero en vez de ir a la típica agencia de viajes para que os preparen un itinerario, seguiréis mi circuito personal, el de una socióloga que pretende hacer una encuesta sobre la juventud y el satélite, y que se orienta por el murmullo de Radio Medina prácticamente desde la primera guerra del Golfo (1991).

Para viajar bien por Marruecos: sintonizad Radio Medina

Radio Medina es el murmullo de conversaciones que fluye libremente por las calles y los zocos, y que sigue siendo la mejor fuente de información para saber qué ocurre en un país árabe. Para sintonizarla hay que tener tiempo de pasearse por los zocos, entrar en las librerías de barrio y visitar los quioscos, instalados a menudo en las aceras; de ahí que cuando se viaja a Marruecos sea tan importante no dejarse constreñir desde el principio por un itinerario demasiado preciso, que no prevea lo que llamo «huecos de libertad», es decir, algunas mañanas o tardes libres para poder pasear sin rumbo y escuchar a la gente. Paseando por una librería de Marrakech es como descubrí el entusiasmo de los jóvenes por internet y los cibercafés, mientras en Rabat los ministros se quejan de la suerte de los *diplômés-chômeurs* (parados con diploma), esos estudiantes que después de licenciarse y doctorarse se dan cuenta de que no sirven de nada, y que los expertos de Naciones Unidas, en su lúgubre *Arab Human Development Report*, han descrito desde Nueva York como una juventud perdida, porque (dicen) no sabe hablar inglés: «La mayor parte del material de la web está en inglés, lengua poco hablada en la región».[25] Según estos expertos de Naciones Unidas, «la escasez de materiales en lengua árabe en la red seguirá privando a los árabes de los beneficios de la era informática, aunque el aceso a la web pueda mejorar».[26] La verdad es que a estos expertos les convendría mucho darse una vuelta por el zoco. Los manuales *Al-inchliziya biduni mualium* (El inglés sin maestro) —editados en Líbano, pero pirateados desde su aparición en Marruecos y vendidos al precio de 5 dirhams (0,5 euros)— figuran entre los libros más buscados por la juventud en la librería donde haremos la primera escala de nuestro viaje: la librería de Yamila Hasun.

4

El Marrakech de Yamila
Libros, cibercafés, solidaridad y creatividad

 Mientras los turistas suben a las calesas para ir a admirar a los encantadores de serpientes en Yama al-Fna —literalmente, «plaza del fin del mundo»—, los habitantes de Marrakech parecen totalmente fascinados por la mágica idea de comunicarse con el resto del mundo, y corren como locos a los cibercafés para navegar por la red. Los productos más vendidos en las librerías de Yamila Hasun son la revista *Dalil al-Internet* y el kit *L'Anglais-audio* de Larousse.

Como lo oís: la gran editorial francesa Larousse es la que ofrece a los marroquíes el kit a mejor precio para aprender inglés. Como buena *marrakshiya*, Yamila nunca pierde la oportunidad de hacer un chiste sobre la francofonía: «¡Imagínate la cara del pobre general De Gaulle cuando le digan en el más allá que la Maison Larousse, con sede en la muy parisina rue Blomet, cuna de revoluciones patrióticas, vende kits para reforzar el imperio de los anglosajones!».

Pero hay algo aún más sorprendente que la pasión de los jóvenes por el aprendizaje del inglés, y es el éxito espectacular de *Dalil al-Internet*, una publicación más bien gris y de apariencia modesta que se presenta como «la primera revista quincenal marroquí sobre la red» y se vende a 5 dirhams (0,5 euros). Su tirada puede llegar a los 15.000 ejemplares. Un simple vistazo a sus titulares basta para darse cuenta de que el Marrakech de nuestros antepasados ha desaparecido, sustituido por una nueva galaxia: lo que más buscan los compradores de *Dalil al-Internet* es trabajo y maridos virtuales. En una ciudad donde las chicas se pasan horas en los cibercafés de barrio leyendo las secciones matrimoniales de la red, habrá que resignarse a creer que el hecho de llevar el velo, por ejemplo, tiene más que ver con la representación social que con la devoción. Ahí queda la puntualización.

Hay que advertírselo a los turistas que vienen a Marrakech para un baño de arcaísmos: no perderían nada con imaginarse una realidad multiforme donde los habitantes de la ciudad interpretan muchos papeles y se inventan muchas representaciones. Visitar Marrakech concediendo a sus habitantes la libertad de navegar en el tiempo —o sea, celebrar el pasado (museos, santuarios y bailes tradicionales)— y proyectarse simultáneamente en lo virtual enriquecería a todos los turistas, nacionales e internacionales. Y visitar las librerías para hojear *Dalil al-Internet* es una experiencia que merece la pena.

Turistas en éxtasis por las serpientes y los encantadores, juventud local perdida en la red

Los expertos habituales del *Arab Human Development Report* nunca han tenido ocasión de echar un vistazo a *Dalil al-Internet*, concebida por tres profesores de instituto de Agadir y uno de la universidad de Marrakech, y ejemplo magistral de innovación y dominio del arte de buscarse la vida.

Los tres profesores de instituto son Hafid Nani, nacido en 1965, Said Sulaimani y Mohamed Asdaf, de la generación de 1961. El universitario, Mehdi Saidi, imparte hidrogeología, la ciencia que estudia el agua y su aprovechamiento. «Y sobre todo cómo protegerla», añadió al hablar conmigo por teléfono. La revista, lanzada en mayo de 2000, vio aumentar rápidamente su tirada sin necesidad de publicidad. Según la redacción, la causa es que intenta dar respuesta a las tres principales preocupaciones de la juventud. La primera es la necesidad de obtener una formación adecuada en nuevas tecnologías, y sobre todo el deseo de aprender de modo autodidacto los idiomas extranjeros y los secretos del funcionamiento de un ordenador. Encontrar trabajo constituye la segunda preocupación. La búsqueda del marido ideal es la tercera. Mientras todos los políticos que aspiran a salir elegidos en Marrakech aburren a los jóvenes con loas a la familia tradicional y las actividades agrícolas, ellos se pasan el día intercambiando información sobre temas como los siguientes: «Recursos pedagógicos en la red: enseñanza superior», «Empleo en la red», «Las leyes del e-comercio» o «Matrimonio electrónico».[1] Y de lo que más hablan es de cómo impedir que el ordenador funcione a cámara lenta, y qué hacer cuando se cuelga. No hay que olvidar que el *Dalil* está dirigido a jóvenes sin ordenador. Dos o tres chicos se juntan y hacen una colecta para reunir los cinco o siete dirhams que cobra el cibercafé por una hora de navegación. El hecho de presentarse como una guía (*dalil*) pedagógica, y de tratar el ordenador como un producto artesanal cualquiera, en un país como Marruecos donde la tradición de los manuales de hágalo usted mismo es milenaria, es probablemente una de las virtudes que explican el éxito de la revista.

Los maridos electrónicos parecen más accesibles que los otros

La búsqueda de un cónyuge es sin duda una de las grandes inquietudes. No hay más que leer las cartas de los lectores: «Hola, amigos de *Dalil al-Internet*. Me llamo Yasin Dada y aquí os mando algunas páginas matrimoniales: www.mariee.fr – www.alzafaf.com – www.zawgaty.com».[2] Algunos lectores, partidarios de ampliar al máximo el horizonte de la búsqueda del cónyuge deseado, proponen webs que van desde Imilchil hasta el final del mundo: «Lector fiel de 26 años de Taza. Permitid que os presente algunas páginas matrimoniales nacionales y árabes. Buena suerte a todos. www.imilchil.com – www.rabat-zoom.ma – www.unicis.co.ma – www.zawgaty.com».[3]

El e-matrimonio suscita tales esperanzas en el mundo árabe que hasta la prestigiosa revista egipcia *Wijhat Nazar* (Puntos de vista), habitualmente muy sesuda y de inclinación científica, afirmaba en un artículo titulado «Matrimonio por ordenador»: «Con la evolución tecnológica, hacia 2019 será posible acariciarse virtualmente y se tendrá así una alternativa al matrimonio. Esta apertura tecnológica permitirá a los esposos encontrarse virtualmente (*iftiradiyan*) sin temer nacimientos no deseados».[4]

Los redactores del *Dalil*, conscientes del gran peligro de la red (aislarse de la realidad), intentan frenar los ardores virtuales de sus lectores manteniéndoles informados sobre la experiencia de otros países árabes tecnológicamente más avanzados («La juventud árabe y la experiencia del matrimonio electrónico»).

Lo que hace que el *Dalil* sea tan especial es que convierte las dificultades lingüísticas y el retraso tecnológico en un juego, un ejercicio de aprendizaje, como el artesano tradicional que deja que los jóvenes se ayuden entre sí y trabajen en red. Lo cual, por otro lado, sería ni más ni menos que la definición de la palabra «internet».

Aprender jugando

¿Por qué *Dalil al-Internet* vende 15.000 ejemplares, mientras que los únicos que leen las revistas a todo color de los partidos políticos son los que las pagan y los pobres correctores de pruebas que las paginan? Es una pregunta en la que he reflexionado mucho. Una respuesta podría ser que el éxito del *Dalil* se debe a su capacidad de desdramatizar el problema del fracaso escolar y transformar la adquisición de saberes en un juego, un ejercicio artesanal que todos quieren dominar, pero a su modo y a su ritmo. ¡Ahí está! Ingenio: esa es la mejor palabra para describir el sentido pedagógico de la redacción de *Dalil al-Internet*, empezando por el bilingüismo del título. Si *dalil* es un término árabe que significa «guía», «internet» es una palabra realmente extraña, incluso en inglés, ya que se trata del acrónimo de *Intercommunication Network* (red de intercomunicación).[5] Internet —también llamado Net (abreviatura de Network) o Web (literalmente, «telaraña», en inglés)— designa algo tan sencillo como la actividad en red de varios ordenadores. El cóctel lingüístico del título entre una palabra árabe (*dalil*) y el acrónimo digital (internet) le dice al joven comprador marroquí de la revista que podrá navegar entre dos idiomas, con las páginas en árabe a la derecha y las páginas en francés a la izquierda. Otra muestra de ingenio de los redactores es su forma de poner en práctica el deseo de animar a los jóvenes a aprender idiomas (Delicias del inglés: aprende inglés con los textos de las canciones traducidos al árabe).[6]

Llegados a este punto, sería interesante recordar que internet sorprendió a sus propios creadores, un grupo de militares estadounidenses que lo concibieron como el monopolio de una élite supertitulada, y que no tenían la menor intención, eso está claro, de compartirlo con los jóvenes de la periferia de Marrakech.

Internet fue creado a finales de los años sesenta por el Ministerio de Defensa de Estados Unidos. «Al principio se trataba de poder seguir comunicándose en caso de ataque nuclear, pero esta red de redes pasó muy deprisa a ser utilizada para conectar entre sí a las comunidades académicas y científicas con competencia técnica. A principios de los años noventa surgieron una serie de innovaciones que la hicieron más sociable: la creación del *world wide web* y la distribución gratuita de los instrumentos de navegación. [...] Actualmente, para navegar basta con clicar, lo cual comporta un aumento considerable de accesibilidad.»[7]

Traducid las tres palabras *world wide web* por «la telaraña que se extiende por todo el planeta» (*web* = telaraña, *wide* = ancha, *world* = mundo) y podréis entrar en ella empujando la puerta de cualquier cibercafé, incluidos los que están diseminados por el barrio de Amerchich (unos veinte), donde se encuentra la librería Hasun. Y así volvemos a ella.

Porque sin la librería Hasun seguiríais buscando encantadores de serpientes en vez de intentar entender la revolución tecnológica que está viviendo la ciudad, una revolución pacífica que no llama la atención de los medios informativos porque los jóvenes implicados no son violentos. Su único sueño es aprender idiomas para comunicarse con el resto del mundo.

Los héroes de los jóvenes de Marrakech (como descubriréis si os concedéis el tiempo de tomar un té con menta en el café Arabi, justo al lado de la librería) no son los protagonistas de las películas de Hollywood, siempre con la pistola en la mano, ni Bin Laden y su pandilla de kamikazes con los bolsillos llenos de pasaportes y tarjetas de crédito, sino dos ilustres desconocidos que no interesan para nada a los medios de comunicación occidentales: Mehdi Said, el director de *Dalil al-Internet*, a quien ya conocemos, y sobre todo Tarik Esaadi. La fama de Tarik se debe a que, a pesar de un desprendimiento de retina que le dejó ciego a los veintiséis años, le echó voluntad y valor y no solo consiguió recuperar la vista, sino que con la ayuda de unas gafas muy gruesas se inventó un trabajo.

Los héroes de la juventud de Marrakech

Es normal que el nombre de Tarik Esaadi no os suene de nada. Las cadenas de televisión están demasiado ocupadas buscando terroristas, únicos personajes fotogénicos para unas cámaras cautivas de su propio racismo. El hecho de que los medios informativos estén enamorados de la violencia y la sangre es justamente lo que hace que en cualquier visita a un país árabe debamos hacer el esfuerzo de sintonizar Radio Medina y conectarnos con la gente pacífica que solo tiene sueños tan banales (reconozcámoslo) como comunicarse, ahorrar un poco y divertirse por la noche con sus seres queridos. En el caso de la redacción de *Dalil* y de Tarik Esaadi, hay que añadir que los héroes del «Marrakech virtual» son todos ellos de extracción humilde, y que su única riqueza es su ancestral tradición artesana. Entrevistando a los expertos en internet de Marrakech, tanto los que han creado revistas *on line*, como Tarik, como los que se ganan la vida en los cibercafés, he descubierto algo sorprendente: que en la mayoría de los casos su madre domina el arte milenario del tejido o del bordado. El tejido de alfombras y el bordado son auténticas escrituras, que usan los símbolos como alfabeto para comunicar su mensaje. Esta es la base de mi hipótesis —la que pone de los nervios a mi colega el profesor Mellali, a quien ya vimos en Akari, en la pescadería de Hmidu— de que existe un vínculo entre la tradición textil de las madres y la destreza de los hijos para comunicarse en la web.

Ya sé que a vosotros esta hipótesis también os estará pareciendo gratuita, y que estáis sonriendo, pero dadme una oportunidad. ¡Leed el siguiente capítulo! Si seguís dudando de mis teorías sobre las nuevas tecnologías correréis el riesgo de despertaros como mi colega, en una habitación de hotel de Marrakech, con una visita programada a los arcaicos encantadores de serpientes mientras la ciudad se abandona con verdadero frenesí a lo virtual.

MARRAKECH VISTO POR LEÓN AFRICANO

Así como hoy los europeos vigilan sus costas para evitar que se acerquen los árabes, en el pasado los corsarios venecianos venían a las nuestras para raptar a gente honrada que había salido a estirar las piernas y reducirla a la esclavitud, ya que parece que necesitaban mano de obra. Es lo que le pasó a Hasan al-Wazzan, árabe nacido en la España musulmana, concretamente en Granada, hacia 1492. Su familia emigró a Fez después de la conquista de la ciudad por los reyes Fernando e Isabel, en enero de 1492. Tras cursar estudios en la Universidad de Qarawiyin, Hasan ocupó el cargo de secretario del manicomio de Fez durante dos años. La experiencia debió de darle ganas de viajar, ya que partió directamente a Oriente, y en una escala en Yerba, hacia 1518, fue capturado por corsarios sicilianos. Tras bautizarle como León Africano, y descubrir su condición de fino literato, el Papa le pidió que describiera su país natal, es decir, el norte de África. León Africano escribió su libro en italiano. En 1550, al ser publicada en Venecia, su *Descripción del África* causó sensación, y fue inmediatamente traducida a varios idiomas. El siguiente fragmento procede de la traducción de Serafín Fanjul: «Marruecos (Marrakech) se cuenta entre las principales ciudades del mundo y las más nobles de África. Extendida en una vasta llanura y distante del Atlas casi catorce millas, fue fundada por José, hijo de Tesfin [Yusuf ibn Tashfin], rey del pueblo de Lumtuna [...] Fue edificada la ciudad con el consejo de excelentes arquitectos e ingeniosos artífices; ocupa mucho terreno y en vida de Ali, hijo del rey José, tenía cien mil hogares y hasta más, veinticuatro puertas y hermosas murallas de tapial y cal viva. El gran río Tensift pasa a seis millas de la ciudad, bien provista de mezquitas, madrasas, baños y posadas» (Juan León Africano, *Descripción general del África*, Lunwerg, 1995, p. 104).

5

Marrakech se vuelve virtual
¡Salvemos las serpientes!

La primera vez que pisé India fue en 1985. Tenía que dar una conferencia sobre las mujeres en el islam. Sabedora de que la población del país incluía a doscientos millones de musulmanes, me hizo ilusión que Ritu Menon y Urvashi Butalia, dos jóvenes hindúes que acababan de crear la editorial Kali Press, me propusieran publicar mi intervención en una separata, a condición de que aceptara revisar el texto. Me encerré dos días en mi habitación de hotel, y al tercero cogí un *rickshaw* para cruzar Nueva Delhi y presentarme en Kali Press con mi texto escrito en inglés y revisado. El tema que había tratado en mi conferencia era «Las mujeres en el paraíso musulmán», y, dado que mi objetivo consistía en demostrar que en materia de acceso al paraíso el islam trata a los dos sexos por igual, insistí en que Ritu y Urvashi adjuntasen el texto árabe original a la traducción de los versículos coránicos.

Caligrafía hindú, encantadores de serpientes y realidad virtual

Las dos editoras quisieron disuadirme, pero yo, que me había dado cuenta rápidamente de que los hindúes son como nuestros filali (los marroquíes originarios de Tafilalet, en las provincias del sur, famosos por su tozudez), reduje las opciones a una sola: o caligrafía árabe o nada. ¡Cuál fue mi sorpresa cuando al día siguiente me enseñaron unas caligrafías hechas por un joven artista que solo sabía hindi y nunca había escrito una palabra en árabe! No había ni un error. La estupefacción debía de leérseme en la cara, porque Ritu Menon dijo algo que se me ha quedado grabado en la memoria: «No olvides, mi querida Fátima, que estás en el país de los faquires y los encantadores de serpientes».

Y acariciando su sari de seda transparente color marfil, Ritu Menon, una chica menuda, con una trenza larga y negra como las de las diosas de las miniaturas, añadió una frase que me impactó: «En cualquier sitio donde los artesanos lleven milenios tejiendo símbolos con hilos de lana o fibras de plantas encontrarás sin falta magos de todo tipo, desde faquires a encantadores de serpientes, pasando por juglares, escritores, calígrafos e informáticos». ¿Por qué? Porque en todos los casos el principio es el mismo: el arte de concentrar el pensamiento en la fuerza interior que llevamos dentro, y transformar después el mundo. Cuando Ritu Menon me invitó a comer, acepté enseguida. Tenía ganas de conocer a su marido. Durante la comida oí hablar por vez primera de la realidad virtual. El señor Menon, integrante del grupo de arquitectos a quienes el Estado indio había encargado la preparación de la *Année de l'Inde* en París, explicó que pensaban proyectar virtualmente los monumentos de Nueva Delhi en la place de la Concorde: «La idea es que los franceses puedan pasearse virtualmente durante unos minutos por Nueva Delhi». De ese modo me enteré de que India —país que los occidentales siguen presentando como el más pobre del mundo, mientras se deshacen en alabanzas a las monjas de la Madre Teresa— estaba fabricando ordenadores a un precio ridículamente bajo para que pudiera comprarlos la población local.

Toda esta digresión es para volver a los encantadores de serpientes de Marrakech: también ellos, como la India de los años ochenta, parecen pronosticar que la ciudad basculará hacia lo virtual. Si os tomáis el tiempo de hablar con los directores de las revistas *on line* de Marrakech, como Tarik Esaadi o la redacción de *Dalil al-Internet*, os daréis cuenta de que tienen dos cosas en común con los encantadores de serpientes. La primera es la confianza en sí mismos, fruto del arte de concentrarse en el peligro, es decir, en el problema a resolver, característica esencial de los encantadores; la segunda es que las madres de todos esos señores son tejedoras o bordadoras, o sea, mujeres que se concentran a diario en el arte de disponer las hebras para representar símbolos y comunicar mensajes. Concentrémonos primero en los encantadores de serpientes. Después observaremos a los comunicadores, los que tejen mensajes por internet.

Los encantadores de serpientes: comunicarse para sobrevivir

A juzgar por los escritos de al-Idrisi, el geógrafo árabe del siglo XII a quien ya conocimos al hablar del Alto Atlas, el encantamiento de serpientes era una tradición en el Magreb. Si vivir en paz con los animales ha sido uno de los grandes problemas que ha debido resolver la civilización humana para sobrevivir, localizar a un león debía de ser empresa fácil en comparación con la de seguir la pista a una serpiente, teniendo en cuenta que la segunda hace menos ruido.

Según al-Idrisi, para calmar a este pérfido reptil los habitantes del Magreb habían inventado un método bastante sofisticado, compuesto claramente de un cincuenta por ciento de concentración y un cincuenta por ciento de credo mágico. La dimensión mágica, según mi interpretación, era la fe que ponía la gente de Marrakech en un trocito de madera que iba a buscar muy lejos, hasta Níger, pero el resto es pura concentración. De ahí la necesidad de leer atentamente la descripción de al-Idrisi: «En el pueblo de Gao crece una especie de madera que recibe el nombre de madera de serpiente. Lo que tiene de característico es que, si se pone sobre la madriguera de una serpiente, el reptil sale sin demora y la persona que sujeta la madera puede capturarla sin miedo alguno. Es más: al hacerlo siente nacer una fuerza en su interior. Una convicción muy extendida entre los habitantes del Magreb occidental y los Uargla es que ninguna serpiente se acerca a una persona que tenga en su mano esta madera, o que la lleve al cuello. Es algo bien sabido. Esta madera se parece al pelitre en que es nudosa, pero su color es negro».[1]

Lo que me gusta de esta descripción —que remite la magia al deseo eminentemente humano de dominar el peligro lanzando hechizos a sus enemigos— es el hecho de que nuestros antepasados enseñaban a los jóvenes que la auténtica fuerza está en nuestro interior, escondida en lo más hondo. Esa fuerza la construyen nuestro cerebro y nuestra capacidad de concentración. En realidad, el trozo de madera solo es el instrumento que la activa. En cierto modo, *Dalil al-Internet* retoma esta postura: desdramatiza el peligro que corre la juventud, concretamente el riesgo de quedar desconectada de la nueva tecnología informática, recordando que todo es cuestión de disciplina y de concentración. De hecho, si hay jóvenes como Tarik Esaadi, que superan sus problemas y se convierten en héroes, es porque internet pone el acento en la necesidad de comunicarse para sobrevivir.

emarrakech.info: una ventana al mundo

Fátima Seluan, la madre de Tarik Esaadi, nunca habría imaginado que su hijo —un muchacho tan fuerte físicamente como moralmente (véanse sus éxitos universitarios)— se quedaría ciego a los veintiséis años, en 1996, justo cuando las cosas empezaban a irle bien. Desde el nacimiento de Tarik, el 13 de abril de 1967, Fátima había aprendido a no preocuparse inútilmente por él. Su hijo le había demostrado en más de una ocasión que era una persona *rzin*, ponderada y reflexiva.

El primer trabajo de su padre, Abderrahman Esaadi, fue de profesor en un colegio. De él, Tarik ha aprendido el reflejo pedagógico, es decir, la necesidad de evaluar constantemente las acciones que se emprenden y los caminos que se toman. Uno de los momentos decisivos de su vida fue cuando optó por dedicarse a una disciplina más vinculada a la realidad. Se inscribió en la Universidad de Marrakech (derecho público, opción relaciones internacionales) y se volcó en la informática. «Abrirse a las relaciones internacionales fue una experiencia magnífica. Entender los conflictos de intereses que configuran el panorama mundial me animó a sondear el misterio de internet —recuerda Tarik—. Era evidente que la comunicación sería el oficio del futuro, pero la pregunta que me obsesionaba era cómo ganarse la vida navegando.» De improviso, con los exámenes en puertas, justo cuando iba a demostrar a su familia que al final de sus estudios podría encontrar trabajo en un mercado especialmente hostil a las clases sociales bajas, le golpeó la tragedia.

«De repente ya no veía nada —recuerda—. Se había hecho de noche. El médico me explicó que era un desprendimiento de retina. La doctora Asia Berbich, de Rabat, me ayudó mucho. Me explicó qué me pasaba, y sobre todo cómo tenía que luchar. Pasé tres meses como un gato deslumbrado por la luz. Increíble. La misma luz que nos permite ver era lo que me cegaba. Había entrado de golpe en la noche. Pero, como siempre he hecho meditación, he practicado el yoga y he escuchado *sama*, los cantos místicos que se oyen por la radio, como los del grupo musical Firqat Ibn Arabi, o en las fiestas de Marrakech, decidí usar esa noche para meditar.»

El reto de Tarik era el siguiente: ¿cómo encontrar una vía de salida cuando se está rodeado de noche? En esas circunstancias, el mejor maestro era Ibn Arabi, sufí andaluz del siglo XII que no solo aconseja viajar, quietos o en el espacio, con finalidad terapéutica, sino que insiste sobre todo en la necesidad de concentrarse en el presente si se atraviesa una crisis: «Debes liberarte de las cosas vanas, mostrarte paciente en las pruebas, [...] ocuparte de lo que es más importante en el momento presente».[2] Cuando se nos viene encima una catástrofe, el problema más grave es justamente nuestra incapacidad de concentrarnos. Nos dispersamos, y nuestra energía se disipa.

A mi edad he aprendido que cuando se tiene que solucionar un problema lo peor es querer afrontarlo simultáneamente desde varios ángulos. Indefectiblemente nos vence el pánico. En mi caso, el primer efecto negativo del pánico es que minimizo mi capacidad de resolver el problema. Por eso es tan importante releer a los sufíes. Una de las razones de que estos místicos del islam medieval aún tengan sentido en nuestros días es precisamente el hecho de que abordasen la cuestión de la atención: cómo imponerse una disciplina para concentrar toda la energía donde sea más útil.

El mensaje de Ibn Arabi: comunicarse para superar la ansiedad

Si Tarik, paralizado por su enfermedad, quería evitar algo a toda costa era que sus seres queridos percibieran su ansiedad. Me refiero a sus padres, obviamente, pero sobre todo a su joven esposa Itimad Uitasan, otra entusiasta de la informática, que se había introducido en el sector justo después de sacarse el bachillerato científico.

«Aproveché la noche forzosa de mi enfermedad para repasar toda mi vida, y sobre todo para evitar asustar a mis seres queridos.» Durante nuestros numerosos contactos telefónicos, me esforcé por comprender de dónde había sacado su fuerza. «La música era importante en mi búsqueda de la serenidad; escuchaba al paquistaní Ali Jan, y de noche, hacia las nueve, encendía la radio y sintonizaba la transmisión de Ahmed Lajlia, un artista en seleccionar los mejores *sama*, los que te arrullan celebrando la fuerza del amor. Yo sentía tanto amor por los que me rodeaban que me sentía responsable de ellos.»

Para los sufíes, el camino mágico que nos orienta en la dirección correcta es el amor. En vez de dejarte llevar por la cólera, trata de dominarla, déjate impulsar por el amor a los demás, y siempre estarás en la caravana indicada. Según Ibn Arabi, el amor al prójimo es una lucecita que llevamos dentro, sean cuales sean nuestra cultura y nuestras diferencias, y es ella, incluso en las guerras y conflictos violentos que arrasan el planeta, la que hace que siga circulando la ternura, y que se intensifique la necesidad de comunicarse.

El amor de las personas que le rodeaban impidió que Tarik se encerrase en su noche, y le impulsó a buscar soluciones que le permitieran comunicarse con ellos: «Por un lado, como es lógico, seguía los consejos del médico. Sobre todo meditaba, para no caer en la desesperación y encontrar un camino de salida. Fue como tuve la idea de crear una revista *on line* con la chica de quien estaba enamorado. Con el paso de los años, todo salió como en los sueños largamente meditados durante aquellos tres meses de enfermedad. Me casé con Itimad en 1999. Ella también buscaba trabajo, como yo. Empezamos a hablar sobre la posibilidad de encontrarlo creando una revista por internet dirigida a los jóvenes como nosotros». Pensar en los demás —siempre según Ibn Arabi— es la mejor manera de evitar la ansiedad, pero quien quiera amar a los que le rodean debe empezar queriéndose a sí mismo y admitiendo que es un don del cielo, por muy ofuscada que esté la percepción de su propia persona en momentos de crisis. «Reprimir la tristeza y el ansia de vivir pensando en el reconocimiento que debes al Benefactor por los dones de los que te ha colmado; ayudar a los oprimidos; responder a quien pide ayuda; salvar a quien está en dificultades; aliviar la pena de quien vive inmerso en la tristeza.»[3] Y sobre todo, ante el desastre, evitar caer en el desprecio de sí mismo, que es otra manera de definir la depresión.

Estamos deprimidos cuando perdemos de vista nuestro propio poder. Escuchar nuestra fuerza interior es la única manera de coger el timón y empezar a navegar. Es lo que hizo Tarik Esaadi. Después de tres meses de meditación y reflexión disciplinada, él y su mujer lanzaron la revista *emarrackech.info*, y en mayo de 2003 celebraron el nacimiento de su hijita Safia. Al final de mi entrevista le pregunté qué profesión soñaba para su pequeña. «Quiero que sea astronauta. Quiero que navegue por el espacio para comunicarse con los seres invisibles que pueblan los otros planetas. Quiero que mi hija continúe la tradición familiar de tejer mensajes bonitos, como los bordados de mi madre, y que lo haga para entablar relaciones con los extraterrestres.» ¿A que tiene gracia, pensé, que Tarik Esaadi sueñe para su hija una vida centrada en la facultad de tejer mensajes? Antes de acabar con la historia de Tarik, una anécdota: al oírme explicar su caso, un colega historiador se sonrió. Le pregunté por qué, y me contestó que el apellido de Tarik tiene una gran carga histórica: «Tendría gracia que este Esaadi que anima a los jóvenes a navegar por la red fuera un descendiente de la dinastía de los saadíes, que reinaron en Marruecos entre los siglos XVI y XVII (de 1520 a 1659), y que animaban a sus súbditos a abrirse al comercio marítimo internacional, objetivo para el que construyeron atarazanas en el Rif (Badis) y en Salé como apoyo a los corsarios».[4]

Esta divertida reflexión de historiador me confirmó que no soy la única, ni mucho menos, que fabula sobre el extraordinario potencial de las nuevas tecnologías, y sobre la posibilidad de navegar en el tiempo. Téngase en cuenta que, según Albert Einstein, «the distinction between past, present and future is only an illusion, even if a stubborn one»: la distinción entre pasado, presente y futuro es tan solo una ilusión, aunque una ilusión tozuda.[5] Las nuevas tecnologías incrementan nuestra capacidad de hacer incursiones en el pasado, a fin de conocerlo más a fondo y no repetir los errores de nuestros antecesores. Es evidente que nuestra capacidad de inventar un futuro más alegre que el presente que tenemos, tanto en el plano individual como en el colectivo, depende de nuestra familiaridad con los hechos del pasado. Como soy optimista por naturaleza, me encantó la idea de Nabil Ali, experto en lingüística árabe y en tecnología digital, de que «las nuevas tecnologías digitales desarrollan nuestra capacidad de planificar mejor el futuro, porque aumentan nuestra capacidad de profundizar en el pasado para sondearlo».[6] Es una idea que me gusta mucho, entre otras cosas porque siempre me ha parecido absurdo tener que elegir entre tradición y modernidad. Creo que se puede encontrar la felicidad en el equilibrio entre ambos universos. Siempre he clasificado en la categoría de «eslóganes publicitarios» todos los discursos que intentan venderme la idea de que lo moderno es sistemáticamente maravilloso. De hecho, sentirse a gusto entre tradición y modernidad es una de las características más atractivas de la juventud marroquí, que una noche canta música pop y a la siguiente baila al ritmo de los *sama*. Me parece uno de los secretos de las nuevas generaciones árabes: a pesar de la tormenta que se ha abatido sobre la región, la juventud no se deprime porque navega en el tiempo, y extrae del pasado las riquezas necesarias para inventarse un futuro que tenga la felicidad como horizonte.

Con esto vuelvo a mi historia sobre el tejido. Aunque parezca increíble, las madres de los otros tres internautas, los redactores de *Dalil al-Internet*, también hacen alfombras. ¡No me lo invento! ¡Es así!

La redacción de «Dalil al-Internet»: madres que tejen e hijos que se comunican

Dalil al-Internet (revista, recordémoslo, que tres años después de su lanzamiento, en la primavera de 2000, vendía 15.000 ejemplares) no se ensaña con la moral de los jóvenes insistiendo en lo que no saben, sino que trata de ayudarlos a alcanzar su objetivo: poder comunicarse. En sus páginas nunca encontraréis discursos mortificantes sobre el *technological gap* (la brecha tecnológica) que los expertos internacionales presentan como el mayor obstáculo para la obtención de un empleo, insistiendo en calcularlo en dólares americanos. Al contrario: los artículos de *Dalil* insisten en lo esencial, en cómo tejer y transmitir mensajes.

Esto último confirma una vez más mi teoría de que los jóvenes que navegan por la red como peces en el agua suelen ser hijos de mujeres que hacen alfombras o mantas, o que bordan. Mehdi Saidi recuerda que cuando él era niño su madre, originaria de Tafraut, tejía alfombras. Otro tanto puede decirse de su primo Said Sulaimani. En cambio, la madre de Hafid Nani, originaria de Agmat, hacía mantas. No olvidemos que Agmat fue durante siglos uno de los centros comerciales más prósperos de África. ¿Habrá una predisposición a navegar por la red entre los hombres que han tenido la suerte de pasar su infancia junto a una madre que tejía o bordaba? Lo que no puede discutirse es la fuerza del vínculo entre tejer y viajar, como confirma la leyenda de Ulises.

6

Alfombras y mitos
o mujeres que tejen y hombres que navegan

Delacroix, Matisse y la fascinación por las alfombras

¿Qué vínculo existe entre las mujeres que tejen y los hombres poseídos por el deseo de comunicarse —escribir mensajes que seduzcan a los demás y establezcan lazos invisibles con ellos—, deseosos de navegar por mares imprevistos en busca de extranjeros que les brinden aquello de lo que carecen? Podríais contestarme, como muchos amigos a quienes he hecho la pregunta, que a a primera vista no parece haber ninguno, pero ¿cómo explicar la fascinación por las alfombras y los tejidos de las mujeres marroquíes que se adueñó de Matisse nada más desembarcar (el 29 de enero de 1912) del *Ridjani*, el buque que había tomado en Marsella con destino a Tánger? Fue tal su pasión por el tejido marroquí que se convirtió en coleccionista, con un fervor rayano en el fetichismo. Volvió a casa con varios baúles llenos.

Hay que reconocer que el nexo no se observa a simple vista. Su fuerza prodigiosa nace justamente de su invisibilidad. Quizá lo que digo os parezca un disparate, pero es importante que extreméis la atención al acercaros a una alfombra, porque lo que tendréis delante será un laberinto de mensajes enlazados y símbolos distribuidos con sabiduría, un «viaje por una red de informaciones», por retomar la formulación de Jacques Attali, antiguo asesor del presidente francés Mitterrand y sagaz analista de internet.[1] El acto de tejer, gesto eminentemente femenino, no tiene nada de inocente. Muchas civilizaciones lo asociaron a la navegación, empezando por el mito de Ulises, cuya vida colgaba de un hilo (el que tejía su esposa Penélope). En el siguiente capítulo exploraremos el mito de Ulises y encontraremos una excusa para visitar Tánger, escenario privilegiado donde se sucedieron los héroes griegos al albur de las leyendas. De momento, en este capítulo nos divertiremos explorando las alfombras a modo de territorios de signos enlazados que forman oscuros mensajes, bien sean alfabetos olvidados como el tifinag, la escritura bereber, o lenguajes misteriosos como el de los mitos y los símbolos. El diccionario *Le Robert* dice que la palabra mito viene del griego *mythos*, que significa «narración, fábula», y ofrece su definición por Valéry: «Mito es el nombre de todo lo que existe y solo permanece a causa de la palabra». Recordemos que en el mundo griego los mitos, «relatos tradicionales acerca de los héroes, los orígenes y el más allá», se contaban y tejían al mismo tiempo:[2] en la *Ilíada*, la hermosa Helena, única hija humana de Zeus, reproduce en su telar las guerras que ocurrían por su causa en Troya.[3] En cuanto a la relación entre tejido y escritura, basta abrir cualquier diccionario para descubrir que «texto» viene del latín *textus,* «tejido, trama», y que la concatenación narrativa procede de ahí: de *texere*, «tejer».[4] Así pues, el arte de tejer —hilos, narraciones o mitos— parece asociado a lo femenino desde los albores de la historia. Por una extraña paradoja, esta relación entre tejer hilos y tejer mitos fue borrada y totalmente escondida en la tradición marroquí, que redujo las alfombras a un simple producto utilitario, sin la menor dimensión cultural. Hubo que esperar a la colonización, y al paso de pintores franceses como Delacroix y sobre todo Matisse (que lo ensalzaron como objeto artístico), para que adquiriese la condición de producto cultural digno de ser estudiado por los expertos y de figurar en un museo.

El hecho de haber ignorado la dimensión cultural y estética de la alfombra tuvo muchas consecuencias, y explica parcialmente la hostilidad hacia las mujeres marroquíes que pasaron de la alfombra a la pintura a partir de los años sesenta, como Chaibia Talal, Fátima Mellal y Regraguia. En 1956, recién proclamada la independencia de Marruecos, cuando los expertos franceses en alfombras salieron de nuestro territorio con los últimos convoyes militares, fue como si los nuevos dirigentes del país tuvieran prisa por olvidar la dimensión cultural de las alfombras que habían provocado el éxtasis de Delacroix y Matisse.

Otra ventana a los horizontes insondables del acto de tejer es la que nos proporciona la definición de símbolo elaborada por Jung: «Lo que llamamos símbolo es un término, nombre o representación que, pudiendo ser familiar en la vida cotidiana, posee al mismo tiempo connotaciones específicas más allá de su significado obvio y convencional. Implica algo vago, desconocido o inaccesible para nosotros».[5] Jung añade que como seres humanos tenemos el maravilloso don de hablar el lenguaje de los símbolos cuando soñamos:

«El hombre también produce símbolos inconsciente y espontáneamente, en forma de sueños».[6] En este sentido puede decirse que la alfombra, como expresión de lo imaginario que nos fascina a todos, afecta principalmente a los varones, porque alude a los misteriosos sueños de las mujeres, unas mujeres que tejen sus sueños o sueñan lo que tejen. Uno de los sueños recurrentes de las mujeres es dar la vida. Una vida prendida al cordón umbilical que nos mantiene vivos cuando dormimos inconscientes en el blando útero de nuestra madre. Una vida que cuelga de un hilo. Como el de las tres Parcas, las hijas de Zeus que regulaban la duración de cada existencia: «Una devana el hilo, la otra lo mide y la tercera lo corta».[7]

Da la casualidad —como veremos en el capítulo dedicado a Venus— que la estrella es el símbolo de la diosa del Amor, además de uno de los motivos preferidos de las alfombras marroquíes. Pero los reyes y príncipes que se las regalaban entre sí tenían poca conciencia de la audacia de los mensajes que las mujeres ponían en circulación de esa manera. No es el caso de Delacroix, ni de Matisse; de hecho, al visitar Marruecos, ambos pintores identificaron enseguida la alfombra como lo que era: un acto creativo. Una meticulosa orquestación de mensajes en clave, de alfabetos olvidados y de símbolos desatendidos. Una estrategia muy pensada del poderoso deseo de comunicarse. Para Delacroix, desembarcar en Marruecos equivalió a un viaje en el tiempo, a una peregrinación hacia la Grecia de los mitos, que veía en todas partes. En el caso de Matisse, las alfombras le embrujaron hasta el punto de que invaden muchos de sus cuadros. Paradójicamente, fue gracias a la colonización francesa y al interés de artistas como Delacroix y Matisse como se decidió registrar los dibujos de las alfombras, que pasaron rápidamente a ser consideradas como un patrimonio cultural digno de ingresar en los museos.

Delacroix: como en un viaje sufí

No fueron los encantadores de serpientes, sino las tejedoras de alfombras las que sedujeron a Delacroix y Matisse cuando viajaron a Marruecos, el primero el 25 de enero de 1832 y el segundo el 29 de enero de 1912, casi un siglo después.

Delacroix, nacido en Charenton (Val-de-Marne) en 1798, viajó a Marruecos a los treinta y cuatro años con la misión del conde de Mornay, que debía concluir un tratado de buena vecindad con el sultán Mulay Abd al-Rahman. Para el pintor fue un viaje de auténtico vértigo. El 4 de junio de 1832 escribe a un amigo desde Tánger y le cuenta que no tiene la impresión de estar en territorio enemigo, sino de haber desembarcado en la antigua Roma, que hasta entonces solo había admirado indirectamente en los cuadros de David: «Los romanos y los griegos están aquí, en mi puerta; me he reído de los griegos de David, exceptuando, claro está, su sublime pincelada [...] Ahora lo sé [...] Roma ya no está en Roma».[8]

Lo que le sedujo fue precisamente el arraigo de los marroquíes en una cotidianidad que amalgamaba estética y arte popular —alfombras, *burnus* tejidos a mano y cerámica—, algo que en Europa se había visto inhibido por la industrialización. «Algunas costumbres antiguas del vulgo tienen una majestad que entre nosotros no se ve ni en las más graves circunstancias —anotó unos meses antes, el 28 de abril de 1832, en su diario—. Nosotros, con nuestros corsés, nuestros zapatos estrechos y nuestras ridículas fajas, damos pena. La gracia se venga de nuestra ciencia.»[9]

La admiración de Delacroix por las alfombras era un hecho sabido. Nunca se cansaba de decir que los cuadros más bonitos que había visto eran alfombras orientales.[10]

Lo curioso es que en ese momento las élites marroquíes no albergaban ningún interés por el estudio de las artes populares, interés que habría llevado inevitablemente a que la población urbana modificase su percepción del campesinado, subrayando sobre todo en este último su condición de generador y guardián del patrimonio cultural. En aquella época, el desprecio por las artes populares, y en especial por las alfombras entendidas como trabajo femenino, formaba parte de la decadencia del país y subrayaba la fractura entre la ciudad y el campo. Yo, sin embargo, pienso que la colonización, con toda su crueldad, nos permitió vernos mejor a nosotros mismos, reflejados en la mirada extranjera. No olvidemos que para los sufíes la mejor manera de conocerse es el contacto con los extranjeros. De ahí la importancia del viaje. Imam Qushairi (siglo XI) recuerda que no es casualidad que los árabes llamasen al viaje *safar*, sinónimo de «desvelarse»: «Llamamos *safar* al viaje porque desvela el carácter de los hombres».[11]

En este sentido, puede decirse que el deslumbramiento de los artistas extranjeros ante nuestras artes populares fue decisivo para nuestro renacimiento. El estupor de aquellos visitantes extranjeros enriqueció la visión que de su propia herencia cultural tenían los marroquíes. El hecho de que la relación de las élites con las alfombras fuese estrechamente mercantil lo pone de relieve un dato como que cuando Marruecos participó en la segunda Exposición Universal de París, en 1867, la invitación por escrito de Napoleón III a Mohamed V reservaba un lugar muy destacado a las «preciosas alfombras» (*qataif munqama*) —como describe el historiador Mohamed Mennuni en su *Mazahir yaqzat al-magrib al-hadiz*, que traduzco como «Indicadores del renacimiento del Marruecos moderno»—,[12] pero que la delegación estaba integrada en exclusiva por los grandes mercaderes (*kibar al-tuyar*), sin un solo erudito experto en la interpretación de sus símbolos.

A la élite dirigente árabe se le pasó por alto durante mucho tiempo que las alfombras eran uno de los pocos receptáculos de símbolos de una cultura universal que había desaparecido en el resto del mundo (sobre todo en Europa, donde la rápida industrialización agredió ferozmente a la tradición artesanal). Es lo que explica que las alfombras marroquíes del siglo XV se encuentren en el Kunstgewerbemuseum de Berlín y en el Victoria and Albert Museum de Londres, mientras que las más antiguas de las que disponen los museos marroquíes solo se remonten al siglo XVIII.[13]

Matisse: el pintor es como una araña que teje la tela

Cuando Matisse viajó a Marruecos, se alojó en el hotel Villa de France de Tánger, y desde la ventana de su habitación, la 35, veía el Gran Zoco, un mercado rebosante de alfombras y tejidos. En realidad, el virus del arte popular se le había contagiado dos años antes, en 1910, al visitar la exposición de arte islámico de Mónaco. Fue a partir de ese momento cuando las alfombras invadieron sus cuadros.[14] Sin embargo, lo genial del pintor —que volvió de Tánger con su equipaje lleno de alfombras y tejidos— es que analizó y compartió la afinidad entre pintura y tejido, que le llevó a hablar de la araña: «Cuando hago uno de mis dibujos, el camino de mi lápiz sobre la hoja de papel tiene cierta analogía con el gesto de un hombre que busca su camino a tientas en la oscuridad. Quiero decir que mi camino no tiene nada de previsto: no conduzco, sino que me conducen. [...] Como la araña lanza (¿o cuelga?) su hilo en la rugosidad que le parece más propicia y desde ahí a la siguiente, construyendo su tela punto a punto».[15]

Muchos de los pintores marroquíes que tacharon de impostora a Chaibia Talal en la Casablanca de los años setenta por haber pasado de los hilos de lana al tejido con pincel ignoraban totalmente que Matisse hubiera llegado a la pintura pasando por el bordado, aunque su padre le destinase a la carrera jurídica. «La historia de mi vida —contó a Frank Harris en 1921— carece de acontecimientos señalados. Puedo explicársela muy brevemente. Nací el último día de 1869 en Le Cateau-Cambrésis. Mis padres, comerciantes acomodados, querían que fuera un hombre de leyes, y entre los dieciocho y los veinte años intenté trabajar con gran honestidad como aprendiz de procurador en Saint-Quentin, pero en la ciudad había una escuela de bordado sobre tela fundada por Quentin La Tour, y a mí la pintura y el dibujo me llamaban tanto que cada día, hasta en invierno, me levantaba para ir a clase entre las siete y las ocho. A la larga mis padres me permitieron abandonar el derecho e irme a París para estudiar pintura.»[16]

La alfombra talismán: Abdelkebir Jatibi consagra lo femenino y lo rural

El punto que me urge subrayar es que para que los marroquíes se dieran cuenta de que los dibujos tejidos por las mujeres tenían otro valor que el mercantil fue necesaria la intervención de los extranjeros, sobre todo el interés mostrado por la administración colonial, en particular por el general Lyautey, que el 22 de mayo de 1919 firmó el *dahir* que creaba un sello estatal para garantizar la autenticidad de origen y la calidad de las alfombras marroquíes, especificando que «la alfombra no debe incluir ningún motivo distinto a los que están reunidos en el corpus oficial depositado en el *Office des Industries d'Art Indigène*».[17]

Todo ello me lleva a sostener que el renacimiento de un pueblo empieza por una nueva lectura de su pasado. No es casualidad que en el Marruecos de 2003 la democratización, el auge de la sociedad civil y la relectura de la historia vayan de la mano, desde los testimonios de los antiguos presos políticos hasta el redescubrimiento de la antigüedad preislámica que nos devuelve también su dimensión bereber, más allá del África cartaginesa y romana. En este descubrimiento del pasado, la alfombra desempeña un papel clave, ya que restituye a las mujeres del campo, clasificadas como analfabetas, su función estratégica de guardianas del patrimonio.

Conclusión: hubo que esperar hasta 1994 para que el sociólogo Abdelkebir Jatibi, en su obra *Del signo a la imagen*, pudiera afirmar sin ser acusado de herejía: «Una alfombra puede enrollarse como si fuera un talismán y desenrollarse como si fuera un jeroglífico. Es el genio bondadoso que acompaña al espacio y lo transforma ante nuestros ojos».[18] Después de recordar que la palabra «texto» «designaba en su origen una pieza de tela cuya trama asumió el sentido de concatenación narrativa», Jatibi llega a la idea clave de que la alfombra representa «un lenguaje perdido» y es «un espacio donde aparecen pictogramas, signos que podrían pertenecer a una antigua escritura, el tifinag, usada por los bereberes, los tuareg del Sáhara».[19] Y no sorprende —una vez reconocidos los signos como sistema de escritura— ver que Jatibi llega a la conclusión de que «la alfombra, en Marruecos, es un talismán plástico de la mujer».[20]

Para entender a fondo el largo camino que ha recorrido en pocas décadas nuestra percepción de la historia marroquí, la población rural y la mujer, no hay que centrarse únicamente en el hecho de que Jatibi no haya sufrido ataques por su visión subversivamente positiva de las mujeres y sus alfombras, sino en el éxito de su libro, que por otro lado está escrito en colaboración con Ali Amahan. No me sorprendería en absoluto que una agencia de publicidad piratease su concepto de la alfombra-talismán para vendernos colchas de plástico.

Todo ello me sirve para recomendar al turista cívico que anote en su cuaderno de viaje los nuevos centros e institutos de lengua amazig que están entrando en funcionamiento a lo largo y ancho del país, empezando por el centro Tariq ibn Ziad de Rabat (17, rue Baghdad, apt. 5, Rabat; teléfono 00212 37 70 62 62).

Esta breve inmersión en el terreno de las alfombras, entendidas como receptáculos de mensajes en clave y alfabetos múltiples, nos da a conocer el capital invisible del que disfruta Marruecos, formado por símbolos, y sobre todo por los mitos griegos: una herencia cultural que hasta ahora ha sido ignorada, y que los ciudadanos de ambas orillas del Mediterráneo podrían investigar juntos gracias a las nuevas tecnologías de comunicación.

Y si me preguntáis por dónde hay que empezar, contestaré sin vacilar que Tánger es un buen punto de partida, no solo porque es donde Ulises cayó preso de la fascinación de una seductora marroquí llamada Calipso, sino porque podréis encontrar a otros héroes y divinidades extranjeras que llevan muchos siglos paseándose por esos pagos. ¡Sin visado ni pasaporte!

SEGUNDA PARTE

7

Ulises seguiría en Tánger si Penélope hubiera dejado de tejer

Ulises seguiría en Tánger, prisionero de la fascinación de Calipso, la hermosa sirena del estrecho de Gibraltar, si Penélope no hubiera controlado las acontecimientos desde lejos y no hubiera seguido tejiendo *non stop* en su Grecia natal. No sé si sabéis que Ulises se quedó en los alrededores de lo que hoy es Tánger durante siete años. Y dista mucho de ser el único héroe griego que visitó Marruecos, destino turístico predilecto de los dioses, desde Hércules y Atlas. Pero antes de pasar a estos últimos —que deberían pedir la nacionalidad, porque aún están entre nosotros—, volvamos a Ulises, que tras algunos años de descanso forzoso junto a Calipso regresó a su casa. Según la leyenda, si su mujer hubiera dejado de tejer, él habría perdido el hilo que le mantenía atado a su Grecia natal. Todo lo que sucede en el relato depende del hilo de Penélope.

Este mito, donde una mujer que teje ayuda a los navegantes a orientarse, pone el acento en la necesidad de remitirlo todo a un punto de partida y dar a nuestra vida un eje que nos permita orientarnos. Ya sabéis por experiencia que cuando se pierden los puntos de referencia se cae en la depresión.

Una de las funciones del mito es justamente la de ayudarnos a reflexionar en cómo podemos crear el orden a partir del desorden que nos rodea.

Volver a sumergirse en los mitos es una terapia beneficiosa para los modernos. Así lo explica Mircea Eliade, nacido en Bucarest en 1907, que entre 1957 y 1986, siendo profesor en la Sorbona, compartió con sus alumnos esa exploración, la de los mitos: «Conocer los mitos significa aprender el secreto del origen de las cosas. Dicho de otro modo, no se aprende tan solo cómo adquirieron las cosas su existencia, sino dónde encontrarlas, y cómo hacerlas reaparecer cuando desaparecen».[1]

A mí me gustan dos cosas de la historia de Ulises. La primera es que para tener éxito en la vida el hombre y la mujer deben ser cómplices. La segunda es que a diferencia de nuestro Simbad, que se casaba en cada puerto, Ulises era monógamo y permaneció fiel a su esposa.

En su lugar, Simbad se habría casado con Calipso y habría obligado a Penélope a ser polígama. La falta de una mujer que tejiera sin descanso en Bagdad, mientras él se embarcaba en Basora y se dejaba llevar hacia India por los vientos del monzón, podría ser la causa de tantos matrimonios. A saber. El caso es que durante los siete viajes que emprendió Simbad se casó muchas veces, y nunca dejó de proclamar su adoración por la esposa de turno. De ahí la importancia para las mujeres del mundo árabe de que comparemos a Ulises y Simbad. ¡La diferencia pende de un hilo!

Esta fotografía, tomada desde las azoteas de la medina de Marrakech, simboliza el nacimiento de la *umma* (comunidad) digital. La democratización se plasma en el acceso de todos al derecho de expresión. El imam sabe que cada minarete tiene al lado centenares de parabólicas que permiten a los ciudadanos decir la suya en *talk-shows* interactivos como *al-Minbar,* de la cadena satélite al-Yazira.

Los cuentos de Simbad –cuyo nombre deriva de Sind, una vega del curso inferior del Indo, dentro de las fronteras del Pakistán moderno– introdujeron los mares de China e India en las fantasías árabes, que los pintaban como lugares peligrosos pero llenos de riquezas y poder.

Si tenéis la suerte, como yo, de ser recibidos por Lalla Fátima Yacubi, la madre de Ali Amahan, os invitará a tomar el té sobre una alfombra tejida por ella y por sus nueras. Lalla, que en árabe significa «señora», se merece tal título, porque es la heredera de la *zawiya* (el santuario del pueblo). Por ese motivo posee un capital simbólico tan importante como los diplomas y los títulos de su hijo.

«La animalidad es vida y muerte; la humanidad es vida, capacidad de expresarse y muerte», al-Kindi, *Risala fi hudud al-ashia* (Epístola sobre los límites de las cosas), caligrafía de Mohamed Uida, 2003.

Abu Yaqub al-Kindi (801- *c.* 873) fue un afamado matemático y astrólogo. Pertenecía a la corriente filosófica de los mutazilíes, que profesaban la libertad de pensamiento. Según él, lo que nos diferencia de los animales es el *nutq*, la capacidad de expresarnos.

«Creo en la religión del amor a la que se dirigen sus caravanas, ya que el amor es mi religión y mi fe.» Texto de Ibn Arabi, caligrafía de Mohamed Uida, 2003.

Ibn Arabi nació en Murcia, el año 560 de la hégira (1165). Cuando tenía ocho años, los almohades conquistaron la ciudad y su familia se exilió a Sevilla, donde estudió y desde donde emprendió sus viajes a Oriente. Es autor de admirables manuscritos y de brillantes poemas, como *Turyuman al-ashwaq* (El intérprete de los deseos), donde ensalza la belleza de las mujeres como signo de lo sagrado.

Detalle del mosaico dedicado
a los trabajos de Hércules, que
se encuentra en el yacimiento
arqueológico de Volubilis, a
unos treinta kilómetros al norte
de Mequínez, las ruinas
romanas más extensas y mejor
conservadas de Marruecos.

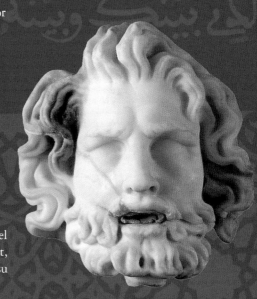

Máscara de Océano, dios del
mar, siglo I a.C., procedente
de Lixus, yacimiento rico en
grandes edificaciones
prerromanas situado junto a
Larache, a unos sesenta
kilómetros de Tánger.
La pieza puede admirarse en el
museo arqueológico de Rabat,
que el dios ha elegido como su
nuevo domicilio.

Una pintura de Fátima Mellal.

TIFINAGH		ALPHABET «SAMARIEN ANCIEN»		LIBYQUE HORIZONTAL	
FORME	VALEUR	FORME	VALEUR	FORME	VALEUR
	$\bar{a}$		$\bar{a}$		h_1 $\bar{a}$
	w ũ		w ũ		w ũ h_2
	$\bar{g}$		$\bar{g}$		$\bar{g}$ $\overline{h}_3$
	$\dot{g}$		$\dot{g}$ q		
	q				
	h		h		h_4
	b		b		b
	s		s		
	d		d		d
	š				$\underline{d}$ $\underline{t}$
	t		t		t
	$\dot{d}$ ţ		$\dot{d}$ ţ		$\dot{d}$ t
			$\dot{g}$ dzz		$\dot{d}$ dz z
			$\underline{d}$ dz z		
			$\underline{d}$ dz z		
	f				
	j				
	z				
	ĵ				
	t		t		t
	z		ţ ts		ţ ts s
	ĵ				
	ž				
	g				f
			g^w gu		s
			g		g
			g^y gl		g^w g^y
			k		ş
	k				k
	h		l		l
	ĵ		m		m
	m		n		n
	n		r		ř
	r		y, i		y, ī
	y, ī				š

Alfabeto tifinag y samario antiguo (Jean Mazel, *Enigmes du Maroc*, Robert Laffont, París, 1971, p. 73). Al comprar una alfombra haced como yo, que entro en los zocos con una copia de esta tabla en el bolsillo. Cuando me gusta alguna, intento descodificar los signos antes de comprarla. Imaginaos que os lleváis una alfombra donde una tejedora maliciosa os dice: «¡Mal rayo te parta!».

Mujeres en el telar

Aquí se plasma la determinación de la tejedora al elegir los símbolos para componer los misteriosos mensajes que envía al destinatario final de la alfombra. Si este se toma la molestia de descodificarlos, podrá acceder a su riqueza.

Mujeres con leña

Fátima, que ha acarreado leña desde los cinco años, dibuja esta escena para reconciliarse con una infancia en la que solo la belleza de las montañas restituye a los niños su dignidad.

Árbol-pulpo

El árbol siempre está presente en los cuadros de Fátima Mellal. Da la casualidad de que es uno de los símbolos de la diosa madre.

Árbol con collar

«Cogí el símbolo que más me gusta y lo cubrí de joyas. Le puse collares y pulseras. Muchas de nuestras fiestas se celebran en noches de luna llena, y en mi pueblo las estrellas brillan tanto que tienes la impresión de que puedes tocarlas», me cuenta Fátima sobre este cuadro.

En esta alfombra de Ait Mimun, provincia de Jemiset (Atlas Medio),
la estrella que representa a Venus aparece junto a los siguientes motivos: el
zigzag bordado que simboliza el agua, triángulos, rombos y sobre todo gráciles
gacelas que intentan escapar. Hay incluso un camello, muy pensativo.
(*Le nouveau corpus des tapis marocains*, Ministerio de Artesanía, Reino de
Marruecos, p. 58).

Chaibia en su taller.

Una de las pinturas de Baya.

Chaibia, *La esposa*,
guache, 1984.

Chaibia, *Los jugadores de
fútbol*, guache, 1984.

Chaibia, *Pueblo de Chtuka*, óleo sobre tela, 1982.

Temas comunes a las tres obras: fiestas, cantos y danzas.
La primera (acrílico sobre tela) es de Fatna Gburi;
la segunda (acrílico sobre tela), de Fátima Hasan,
y la tercera (guache sobre cartón), de Fátima Eluardiri.

La felicidad es una comunidad donde hombres,
mujeres, pájaros y peces nadan en armonía, según
Regraguia.

Este cuadro, pintado por Regraguia para la fiesta del 8 de marzo de 1999, representa la felicidad: un hombre y una mujer rodeados de peces enormes y de aspecto bondadoso. La pareja se mira a los ojos con amor. En las pinturas de Regraguia, el sol siempre se pone en el Atlántico. Cuidado, no le habléis del Mediterráneo: «Debe de ser muy pequeño, ¿no?». Como la mayoría de los habitantes de Esauira, Regraguia no puede imaginarse un mar más bonito que el Atlántico.

Regraguia, *Safinatu al-ishq*, «La barca del amor». La pareja supera todos los obstáculos gracias a las sirenas. De todos modos, os aviso de que a semejanza de muchos artistas autodidactas que llegan al arte a través de la artesanía, Regraguia solo pone título a sus cuadros cuando se lo piden. Por eso, si compráis alguno, no os olvidéis de preguntar cómo se llama.

Aquí estoy yo con Nuredin Saadi y Begoña Fernández,
directora del Instituto Asturiano de la Mujer.

Simbad, o una mujer en cada puerto
Ulises, o la fidelidad a Penélope

En ambas historias, la de Ulises y la de Simbad, el héroe navega en barcos sobre los que no tiene ningún control, y que no cesan de romperse en las costas de islas desconocidas, metas que por lo demás él no ha elegido en ningún caso.

Ulises describe así su llegada a la costa marroquí, donde, como nadie le esperaba, se perdió la ofrenda de leche y dátiles que la hospitalidad marroquí reservaba a cualquier extranjero:

> *... y a la décima noche,*
> *noche oscura, los dioses lleváronme a Ogigia, la isla*
> *de Calipso de hermosos cabellos, la diosa terrible.*
> *Acogiéndome ella me dio de comer y me dijo*
> *que por siempre me había de guardar...*[2]

En la leyenda oral recogida por Homero, Ulises es embrujado por el canto de las sirenas, que, orquestadas por Calipso, le susurran palabras irresistibles:

> *Llega acá, de los dánaos honor, gloriosísimo Ulises,*
> *de tu marcha refrena el ardor por oír nuestro canto,*
> *porque nadie en su negro bajel para aquí sin que atienda*
> *a esta voz que en dulzores de miel de los labios nos fluye;*
> *quien la escucha contento se va conociendo mil cosas.*[3]

Según Homero, aunque Calipso se hubiera enamorado de él, y desplegara todos sus encantos para impedir que se marchara, Ulises encontró la fuerza necesaria para resistirse a tanta hechicería porque su mujer no dejaba de tejer. Pero la cámara de la leyenda no se queda quieta enfocando a Ulises, sino que también nos lleva a Ítaca, donde la joven y hermosa Penélope debe hacer frente a los deseos de los hombres, concretamente al acoso de una serie de pretendientes que quieren casarse con ella so pretexto de que su marido está muerto, desaparecido entre las olas. Penélope tenía tres problemas que resolver: debía proteger a su hijo Telémaco, rechazar a los pretendientes que la acosaban y sobre todo obligar a su marido a volver con ella.

De hecho, el episodio del naufragio también aparece en el relato de Simbad, dentro de esos cuentos de *Las mil y una noches* que siguieron circulando oralmente por el mundo árabe hasta el siglo XIX (mientras que los europeos les dieron forma escrita un siglo antes).[4] Sin embargo, a diferencia de lo que le sucede a Ulises, la isla a la que Simbad es arrojado por las olas está gobernada por un rey, y ese rey le organiza un matrimonio, con la precaución de que un cadí, un juez musulmán, esté presente para redactar debidamente el acta matrimonial.

Los riesgos del matrimonio

Todos los viajes de Simbad empiezan más o menos de la misma manera: saliendo de Basora. Yo he elegido el cuarto, que comienza así: «… compré magníficas mercancías, apropiadas para un viaje por mar, enfardé más bultos que los de costumbre y, desde Bagdad, me dirigí a Basora. Embarqué mis bultos y me reuní a un grupo de las más importantes personas de Basora». Como en el caso de Ulises, el barco naufraga: «Una tromba de viento huracanado cayó sobre nosotros, desgarró las velas y las hizo pedazos. Las gentes, todos los fardos, objetos y bienes que estas transportaban se fueron a pique. Yo estuve nadando medio día, y, cuando ya me daba por perdido, Dios (¡ensalzado sea!) puso a mi alcance un tablón que había pertenecido a la nave, y, junto con un grupo de comerciantes, me encaramé a él [...] Pegados unos a otros, nos pusimos a horcajadas sobre el tablón y remamos con las piernas. Las olas y los vientos nos fueron favorables, y así navegamos un día y una noche. Al día siguiente, por la mañana, se levantó un viento huracanado, el mar se encrespó, y las olas y el viento fueron aumentando en furia. Las olas nos arrojaron a una isla».[5]

Entre todos los supervivientes, fue Simbad quien más impresionó al rey de la isla, quien decidió ofrecerle una esposa para obligarle a quedarse. La reacción de Simbad fue bajar brevemente la mirada —pausa teatral para indicarnos que la decisión exigía un momento de reflexión— y aceptar la oferta de su anfitrión: «Entonces mandó llamar al cadí, a los testigos y a mi esposa. Apareció una mujer de noble rango, rica, de estupenda belleza y dueña de fincas e inmuebles. [...] El rey me concedió una casa grande e independiente, me dio criados y eunucos, y me asignó rentas y sueldos. Viví en reposo, satisfacción y alegría».[6]

Fijaos en que si Ulises quedó fascinado por el canto de amor de Calipso, lo que fascina a Simbad son las riquezas que posee la mujer.

La continuación de la historia nos revela la inconstancia sentimental del héroe. Los habitantes de la isla tenían un concepto muy serio del amor conyugal, hasta el punto de considerar inútil que un cónyuge siguiera viviendo a la muerte del otro: «En nuestro país tenemos esta costumbre: si muere la mujer, el esposo es enterrado vivo con ella, y si es el marido quien muere, se hace lo mismo con la mujer».[7] Este descubrimiento llena a Simbad de pavor el día en que falta su esposa y los habitantes de la isla le atan para enterrarlo, siguiendo un ritual de una fidelidad desconocida en su Bagdad natal.

Ya os podéis imaginar la consternación de nuestro héroe, valiente para con el mar, pero no ante la fidelidad: «"¡Por Dios! —exclamó—. Esta es una costumbre detestable, y nadie puede soportarla"».[8]

Cuando yo era pequeña, las ancianas de Fez solo invocaban el cuarto viaje de Simbad para recordar a las adolescentes que cuando un hombre árabe les declara su amor no hay que extasiarse más de la cuenta. Entenderéis así que esté tan encantada con la leyenda de Ulises, donde un marido solo tiene un sueño en la cabeza: volver a encontrar a su mujer.

Pero antes de descodificar el secreto de esta señora griega que logra un esposo monógamo a fuerza, podríamos decir, de tenerle colgando de un hilo, quiero aclarar un detalle que me inquieta. Algunos europeos dicen que Ulises nunca estuvo entre nosotros, y que la cueva de Calipso se hallaba en otra parte. Unos dicen que en Malta, otros que en Creta... ¡Afrontemos sin rodeos estas habladurías, ya que son perjudiciales para nuestro turismo!

¿Es realmente marroquí la sirena Calipso?

Oficialmente, los árabes y los europeos se pasan el día peleándose desde que existe el Mediterráneo. Se habla mucho de

problemas, sobre todo del visado, la amenaza de la inmigración, etcétera, etcétera, pero rara vez nos referimos a los placeres que comparten los árabes y los europeos cuando se encuentran; placeres que nacen de nuestras diferencias, una de
las cuales es la relación con el pasado: yo, por ejemplo, adoro
el pasado, y me sorprende que los europeos lo deprecien insistiendo en lo modernos que son. Un aspecto simpático de
nuestros vecinos, aunque se queden roncos proclamando a los
cuatro vientos que son modernos, es que invierten más que
cualquier otra civilización en el estudio del pasado y la industria museística. Para ellos, por ejemplo, determinar el itinerario de Ulises es prácticamente una obsesión: «Hace casi treinta
siglos que las aventuras del rey de Ítaca alimentan el imaginario europeo, y nadie desconoce las peregrinaciónes del héroe,
desde el país de los lotófagos hasta los antros del Cíclope y de
Calipso».[9] Como los europeos nunca están de acuerdo en nada
(a eso lo llaman democracia), nunca han llegado a un enten-
dimiento sobre la identidad de Calipso, que los divide en dos
escuelas de pensamiento: la que, situando la cueva en Malta o
Creta, condena a Calipso a ser europea, y la que, situándola
en el estrecho de Gibraltar, la africaniza. Según la primera escuela, Ulises nunca puso el pie en nuestro suelo. «¿Creta? ¿Malta? ¿Gibraltar? ¿Madeira? ¿O la isla de Circe? ¿Ceuta? También hay quien piensa que Ulises cruzó el Atlántico hasta el
estrecho de la Amazonia.»[10] Afortunadamente para Marruecos, a principios del siglo XX Victor Bérard, traductor de textos homéricos y gran admirador de Ulises, aportó pruebas con-
vincentes a la tesis de la marroquinidad de Calipso. Su cueva
mostraba una similitud impresionante con la de Hércules, situada al pie del estrecho de Gibraltar. «La descripción precisa que se hace en la *Odisea* corresponde exactamente a la vi-

sión que tuvo Bérard, incluido el número de arroyos que corren en un lado y otro de la cueva. Por lo tanto, fue a las Columnas de Hércules, el extremo de las tierras conocidas en la Antigüedad, donde vino Ulises a pasar siete años de cautiverio amoroso.»[11]

Voilà! Ahora que estamos más tranquilos sobre la identidad de nuestra sirena nacional, espero que el año que viene el Ministerio de Turismo organice una celebración para reivindicarla oficialmente como parte integrante de nuestro patrimonio marroquí.

Solo quiero añadir, para mayor solidez de la tesis, que Calipso dista mucho de ser la única criatura mítica surgida del imaginario griego que se afincó entre nosotros. Otros personajes de mayor importancia, como Hércules y Atlas, vinieron a Marruecos y les gustó tanto nuestro país que se olvidaron de marcharse. A ellos nadie les molesta con cuestiones de pasaporte o de visado, como a nosotros cuando cruzamos el estrecho.

Hércules y Atlas en Marruecos

Fue Graule —un arabista francés que a principios del siglo xx trabajaba de intérprete militar y tradujo del árabe el *Kitab al-istiqsa* del historiador marroquí Ahmed al-Nasiri[12] quien en 1923 constató la importancia en el imaginario occidental del modo en que Marruecos se refleja en las leyendas griegas. ¿Por qué viajaban a Marruecos tantos héroes griegos?, se preguntó. Su conclusión fue que el país les fascinaba por estar al final del mundo conocido y «explorable» en barco: «La posición de Marruecos, en el límite del mundo conocido por los antiguos, convirtió el país en una tierra legendaria. Es la patria del titán Atlas, que aguantaba las columnas que sostenían el cielo, y de su hija Calipso, cuya hospitalaria isla de Ogigia —que situamos cerca de Ceuta, a los pies del Yebel Musa— retuvo a Ulises durante siete años tras sobrevivir a un naufragio. También se dice que fue donde vivió el gigante Anteo, hijo de Océano y de la Tierra y rey de Marruecos, que quiso erigir un templo a su padre con los cráneos de los extranjeros que se aventuraban por su territorio, pero que fue vencido y muerto por Hércules; su tumba fue descubierta en época romana por Sertorio, cerca de Tánger [...] Al sur del cabo Espartel hay cuevas cuyos nombres recuerdan a Hércules. Posteriormente, en el sur, creemos haber encontrado el Jardín de las Hespérides, el de las manzanas de oro».[13]

Una de las características de los dioses griegos es que no venían a Marruecos a descansar y hacer turismo. Siempre tenían alguna misión para garantizar la supervivencia en la cuenca de un Mediterráneo donde siempre ha habido conflictos insolubles que han enfrentado a los habitantes de ambas orillas. Una de las misiones de Hércules consistió en separar España y África, creando un estrecho entre ambas. Fue a petición de los marroquíes, que temían ser invadidos: «El estrecho de Gibraltar fue practicado por Hércules a petición de los habitantes de Marruecos, a fin de detener las invasiones procedentes del norte, que sembraban la zozobra en el país. Hércules cortó en dos una montaña que se extendía entre España y Marruecos. Calpe (el peñón de Gibraltar) y Abila (el Yebel Musa) —también llamados Columnas de Hércules— serían los dos extremos más cercanos. Existe una variante según la cual España se comunicaba con Marruecos por una simple lengua de tierra en la que se excavó un canal».[14]

Pero Hércules no es ni mucho menos el único dios griego que ayudó a los marroquíes con su labor. Debemos considerarnos afortunados, ya que si el titán Atlas no hubiera sostenido el cielo este habría caído sobre nuestras cabezas. Al menos es lo que cuenta Jean Mazel, otro francés adorador de Marruecos y de la mitología, en su libro *Enigmes du Maroc*, publicado en 1971. Según Mazel, Atlas era «hijo de Júpiter, y tenía su morada permanente en Mauritania, de la que fue rey legendario».[15] Teniendo en cuenta que Mauritania era el nombre del norte de África en época romana, nuestra cadena montañosa, que parte del Atlántico para cruzar toda Argelia, sería ni más ni menos que el propio dios en carne y hueso, o más exactamente en cumbres y valles: «Así pues, la cadena del Atlas sería la personificación del titán acostado de espaldas, y las cimas que se elevan al cielo representarían sus manos sosteniendo la bóveda celeste».[16] Ya no hace falta que dudemos de que Ulises viniera realmente a Marruecos. Casi parece un trámite obligatorio para los héroes griegos. Vuelvo así a nuestro punto de origen (que ya se te ha olvidado, mi querido lector), es decir, a la misteriosa relación entre el tejido femenino y la capacidad de navegar de los varones.

Y es que, si no encontráis este vínculo, os resultará imposible descodificar un hecho histórico de enorme magnitud en el Marruecos moderno: la reconciliación entre los sexos en el seno de una sociedad civil que crea una intensa complicidad entre hombres y mujeres. Complicidad que el mito de Penélope ilustra muy bien. Captando el secreto de Penélope se entiende, por ejemplo, la fuerza de las madres de los presos políticos contemporáneos, que han transformado este país. Si presos políticos como Muhsin Ayuch y Nuredin Saudi se han hecho un hueco en los medios informativos del Marruecos

contemporáneo como comunicadores que tejen y difunden los mensajes de la democracia, es porque sus madres eran tan industriosas y tozudas como Penélope.

Pero veamos antes en qué consiste la «red» de Penélope, para entender a fondo la delicadeza de la de Fátima Kabbach, madre de Muhsin Ayuch (en la foto de la izquierda), y de Zineb Kadmiri (en la de la derecha), madre de Nuredin Saudi.

8

Penélope en Marruecos
Las madres de los presos políticos

¿Hay alguna relación entre tejer y amar? Según la feminista Barbara Walker, autora del *The Woman's Dictionary of Symbols and Sacred Objects*, la figura mitológica de Penélope tiene como emblema una telaraña, una web, que corre continuamente todos los hilos hacia el centro, representación simbólica «del principio unificador que reúne a los miembros del grupo para garantizar su protección».[1] La tela de Penélope es un símbolo de protección porque fue ella quien salvó a su marido del peligro de muerte que corría constantemente durante sus viajes. Lo hizo «negándose sistemáticamente a no seguir tejiendo, como le pedían sus pretendientes. [...] De ese modo evitaba cortar el hilo de la vida, el mismo hilo que protegía a su marido...».[2] En pocas palabras: fue concentrándose en su tela como Penélope pudo poner orden no solo en el reino de Ítaca, manteniendo a distancia a sus insolentes pretendientes, sino en lugares tan remotos como el estrecho de Gibraltar, donde se hallaba la isla de Calipso.

Fue la determinación con que Penélope seguía tejiendo lo que infundió a Ulises el valor necesario para resistirse a la fascinación de una sirena enamorada. Retomando la expresión que la experta estadounidense en mitos Edith Hamilton empleó en 1940, mucho antes de que las nuevas tecnologías pusieran de moda el adjetivo, *he was a virtual prisoner*.[3] Penélope simboliza la obstinación de la mujer en seguir siendo soberana y no dejarse ahogar jamás por los desastres que se le echan encima. Es «la personificación de la diosa madre de Ítaca, diosa madre y al mismo tiempo detentora de la soberanía absoluta. La obstinación de los pretendientes lo demuestra sin que haga falta un análisis de mayor profundidad».[4]

Obstinación de mujeres en proteger a sus hombres: he ahí la clave de este mito. Y la imagen de esta feminidad decidida a controlar las fuerzas adversas en vez de dejarse dominar por ellas surge con potencia de las historias de Nuredin Saudi y Muhsin Ayuch, antiguos presos políticos cuyas madres tejían y cosían.

«Mi madre, radiante cuarentona, me acogió con la sonrisa más bonita que me ha sido dado recibir en toda la vida»

Muhsin Ayuch, a quien vemos en la fotografía de la derecha, fue detenido en Fez delante de su hermana Bahia, en el barrio de Oasis, a las cuatro de la tarde. Era el 5 de septiembre de 1975. Tenía veinte años. Fue durante la famosa huelga de los alum-

nos de instituto, una de las primeras manifestaciones de jóvenes contra la tiranía de los «viejos». Un hecho había consolidado la decisión de rebelarse de Muhsin: su madre, Fátima Kabbach, que nunca había aprendido el alfabeto, pero que tenía una cultural oral mastodóntica, había tomado postura contra la administración escolar. Al ser convocada por el responsable del instituto, se había negado a firmar las cartas donde se incitaba a los padres a comprometerse a que «sus hijos no vuelvan a hacer huelga nunca más».[5]

Entre 1975 y 1986, Muhsin fue detenido y encarcelado tres veces. Pasó cinco años entre rejas por sus ideas políticas, y aunque la muerte imprevista de su madre, el 14 de enero de 2003, le haya sumido en el dolor, ha tenido el valor de concentrarse en lo esencial: el recuerdo.

Gracias a su peregrinación a La Meca, Fátima Kabbach había obtenido el título de Haya, uno de los pocos al alcance de las mujeres. De hecho la había cumplido más de diez veces, tal era su deseo de cruzar fronteras para regenerarse y acercarse a la tumba del profeta, uno de los pocos lugares que hasta hoy ningún déspota se ha atrevido a prohibir a las mujeres.

¿Quién era exactamente Fátima Kabbach? La tentativa de Muhsin de dar respuesta a esta pregunta originó un texto del que emerge un magnífico retrato de su madre. Un retrato que echa por tierra el estereotipo de la mujer marroquí analfabeta, ignorante, impotente e improductiva que divulgan por el mundo árabe las mafias de los conservadores, a fin de justificar la confiscación de derechos. Del recuerdo de Muhsin, que usa el apelativo *Yemma*, diminutivo lleno de ternura de *umm* (madre), brota la imagen de la diosa madre, que todo lo preside y que pasa sus días cosiendo y bordando.

En el relato de Muhsin Ayuch (como en el de muchos presos políticos), el modelo de la madre, que en muchos casos es analfabeta, pero que genera ingresos tejiendo o bordando, encarna la confusión entre competencia y rebelión. «Recuerdo el día en que me acompañó por primera vez al colegio, al empezar el curso… Desde ese día de octubre de 1962 Yemma siempre me esperaba en casa cuando volvía a las once y a las cinco. Abría la puerta y me la encontraba en la máquina de coser Elna (ella lo pronunciaba Enna), vigilando con un ojo la comida que se hacía a fuego lento en la cocina de nuestro minúsculo apartamento de sesenta metros cuadrados, comprado en 1958 gracias a su trabajo. Yemma siempre había trabajado con sus manos para ayudar a mi padre a hacer frente a nuestras necesidades. Después de hacer los deberes, me sentaba a sus pies para ayudarla en su trabajo. Ella cosía fulares y *lizam* (velos) después de recortarlos en rollos enormes de tela que llegaban directamente de fábrica. Mi trabajo consistía en cortar los hilos que colgaban, plegar los fulares y juntarlos en paquetitos de doce para enviarlos a la tienda. Ahí empezaba el trabajo de mi padre. Mientras trabajábamos juntos, mi madre y yo nunca estábamos callados. Yemma llevaba la conversación con maestría. Comentaba las últimas noticias oídas por la radio, que siempre estaba encendida. Gracias a ello tuve la oportunidad de seguir las insurrecciones de mayo de 1965 en Casablanca y la guerra de 1967 hasta en sus últimos detalles. Alegría de Yemma los primeros días, cuando todas las radios árabes anunciaban "la aplastante victoria" de nuestras tropas. Abatimiento y lloros ante la horrible realidad de la derrota anunciada el sexto día…»[6]

Son los mismos atributos que se encuentran en el testimonio de Nuredin Saudi, que es de su generación y fue detenido en las mismas circunstancias, durante la huelga de estudiantes. La diferencia es que en su caso ocurrió en Casablanca.

Nuredin Saudi: «1.001 nudos para festejar la vida»

El cuento titulado *Nunca sin mi hijo*, dedicado por Nuredin Saudi a su madre, empieza así: «Mi madre, Zineb Kadmiri, puso patas arriba su destino».[7]

Nuredin nació en 1951 en el corazón de la medina de Casablanca. Como en todas las familias de clase popular, sus dos progenitores trabajaban. Su padre, originario de Demnat, una ciudad del Alto Atlas, era conductor de autobús, mientras que su madre tejía alfombras. Nuredin fue arrestado en diciembre de 1974 en el marco de una campaña represiva contra el movimiento estudiantil progresista, campaña que empezó en 1973 con la prohibición de la Unem (Unión Nacional de Estudiantes de Marruecos), una organización sindical que en esa época gozaba de gran popularidad. En el momento de su arresto, Nuredin solo tenía veintitrés años. Pasó diez en la cárcel, y no le soltaron hasta 1984. Como en el caso de Muhsin Ayuch, su delito era haber militado en un sindicato juvenil, algo que en la época se consideraba una herejía imperdonable. Actualmente, casado y con dos hijos, es docente e investigador, aparte de colaborar en la revista *L'Essentiel*. Como muchos antiguos presos políticos, Saudi se ha reconvertido a los medios de comunicación y el activismo cívico. Su retrato de su madre —clasificada por las estadísticas oficiales como «ama de casa», analfabeta e inactiva— revela que la improductividad de la mujer es una de las mitologías más espectaculares que han fabricado los estados modernos. Para entender la importancia de las tejedoras de alfombras marroquíes basta recordar que en los años ochenta Marruecos era el quinto proveedor mundial de alfombras, justo después de Irán, India, Pakistán y China.

Zineb Kadmiri, la madre de Nuredin, fue uno de los «soldados desconocidos» que hicieron posible el milagro, y consiguieron que un país que en los años noventa aún no llegaba a los treinta millones de habitantes pudiera rivalizar en cuestión de alfombras con otro tan grande como China.

Así pues, Nuredin recuerda a una madre que, al igual que Penélope, tejía para volver a ordenar el universo y proteger a sus hombres: «Mi madre no había tenido la suerte de ir al colegio; lo máximo que había recibido era una formación profesional en el campo de la tapicería con algunas nociones elementales de lengua. Como era una mujer de carácter, dotada además de una capacidad enorme de trabajo y de una gran ambición, afirmó progresivamente su independencia material, primero gracias a la costura, pero sobre todo después, con la confección de alfombras. La alfombra constituye todo un capítulo de nuestra historia familiar, durante el que mi relación con mi madre adquirió una especial intensidad. Como tejía auténticas obras de arte, mi papel se fue consolidando a medida que aumentaban los encargos, ya que era su principal apoyo y su brazo derecho. No solo aprendí el oficio muy deprisa, de la A a la Z, sino que me enamoré de él, por lo que tenía de invitación a la concentración y la creatividad. El oficio de tejer incita a quien lo aprende a entrar en una reflexión cuyos caminos son de lo más sinuosos. Trabajaba en un ambiente lleno de una serenidad muy especial, pero lo que hizo que me entregara con tanto celo y pasión al tejido y la tapicería fue el inmenso amor que sentía por mi madre; no solo para ayudarla, sino sobre todo para valorar su trabajo y su voluntad de seguir adelante por encima de cualquier obstáculo, demostrada espectacularmente, todo hay que decirlo, por el éxito de sus alfombras, que se traducía en los consiguientes ingresos de dinero. Esos ingresos, bastante superiores a las ganancias que había obtenido algunos años atrás como costurera, tuvieron repercusiones positivas en la situación social de mi familia, y especialmente de mi padre, que desde entonces la miraba con gran consideración y estima».[8]

En 1985, para celebrar su salida de la cárcel (que se produjo en 1984), Nuredin Saudi tejió dos alfombras con su madre. La de color naranja es un homenaje a la libertad recuperada del ex preso, que no se cansaba de extasiarse con las puestas de sol de la *corniche* de Casablanca. El título de la alfombra azul es *No a la violencia*, expresado simbólicamente por la misteriosa letra árabe *lam-alif*, que significa «¡No!».

Pero volvamos a nuestro enigma de partida: ¿hay alguna relación entre tejido y comunicación? Buscando la respuesta, hemos empezado por las cuevas de Hércules, en los alrededores de Tánger. De ese modo, queriendo entender las peripecias de Ulises, hemos conocido a su esposa Penélope, quien tejía tramas invisibles en la cuenca mediterránea para que los hombres se ciñesen a la fidelidad que exigen las mujeres.

Siguiendo ese rastro, nuestra curiosidad nos ha llevado primero a Fez y después a Casablanca, donde hemos conocido a Fátima Kabbach y Zineb Kadmiri, dos mujeres que al igual que Penélope conocían la conexión secreta entre amar y tejer. Ahora creo que ya estáis preparados para recorrer el centenar de kilómetros que separan Tánger del valle del Dades y desembarcar en Tamellalt, la tierra de la artista Fátima Mellal, una maga moderna.

Como Penélope, Fátima Mellal es joven y hermosa, debe afrontar una situación difícil y reordena el universo tejiendo en sus alfombras, y trazando en sus cuadros, los símbolos de una escritura olvidada, el tifinag, el alfabeto de los imaziguen, los hombres libres a quienes los griegos llamaron *barbaroi*, de donde procede «bereber».

9

Fátima Mellal:
la analfabeta que teje el alfabeto

 Fátima Mellal nació en 1968 en Tamellalt, un pueblo situado a unos cien kilómetros de Uarzazat, en la zona del Alto Atlas que domina las gargantas del Dades. Desde Rabat hay que calcular seiscientos kilómetros, y tener en cuenta que a partir de Bulman las pistas son malas. El padre de Fátima, Ydir Mellal, trabajó en las minas de Buazar hasta su jubilación. De sus siete hijos, solo los cinco varones fueron al colegio. Fátima y su hermana tenían que acarrear la leña, colaborar en las tareas agrícolas y tejer. No ir al colegio significa no aprender ni el árabe ni idiomas extranjeros. A los treinta años, Fátima Mellal decidió pasar del tejido de alfombras a la pintura: «Quería comunicarme. En nuestra región, que está muy aislada, las alfombras no se venden. Se teje para las necesidades familiares. En toda mi vida, yo solo he vendido dos alfombras, aunque cuando me puse a pintar funcionó enseguida».

Funcionó, en todo caso, porque Fátima tenía la suerte de vivir en un Marruecos donde las asociaciones del mundo rural abren el acceso al espacio público a mujeres aisladas como ella, aunque no estén escolarizadas y no tengan títulos; un espacio en que sus creaciones puedan ser vistas.

Yo no habría podido conocer a Fátima Mellal sin la ayuda de la sociedad civil, especialmente de la iniciativa de Ahmed Zainabi, el organizador de la Caravana Cívica que se celebró en Zagora en abril de 2003. Una de las preocupaciones de Zainabi —que es uno de los responsables de la ADEDRA (Asociación para el Desarrollo del valle del Dra), la organización que ha invitado a los artistas jóvenes de la región a exponer sus obras— es justamente ayudar a las mujeres aisladas a acceder al espacio público. Para que Fátima pudiera participar, no solo hacía falta que uno de sus hermanos la ayudase en los traslados, sino sobre todo disponer de la presencia de un intérprete que la ayudase a comunicarse. Como yo soy analfabeta en bereber, me habría sido totalmente imposible entrevistar a Fátima en profundidad sin la ayuda del intérprete, y descubrir así los signos misteriosos que le gusta reproducir en las alfombras que teje, o bien en sus pinturas. El símbolo más recurrente es la letra Z del alfabeto tifinag.

Descubrir el mundo a los treinta años

La historia de Fátima es como un cuento de hadas: ha conseguido quebrar con una pincelada la repetitividad de una vida dura y aislada. Pasó toda su infancia acarreando leña. «Solo dejé de hacerlo hace diez años, cuando llegaron al pueblo las bombonas de gas.» Aparte del transporte de la leña, las mujeres del valle del Dades también participan en el trabajo agrícola. Son ellas las que llevan los sacos de grano. Otra labor es la de tejer las alfombras que usa la familia. «Un día me entraron ganas de comunicarme garabateando cosas en el papel», recordó durante nuestro primer encuentro en Zagora. Animada por su hermano —profesor de artes plásticas en Uarzazat, que cuando volvía al norte, durante las vacaciones escolares, le traía colores y pinceles—, empezó a pintar. En 2002 pasó por el pueblo una turista suiza que se fijó en sus cuadros y la invitó a exponer en Zurich, en la galería de Bernhard Tschan. Los hermanos de Fátima se ocuparon de los trámites administrativos y obtuvieron un pasaporte y un visado. Fátima Mellal tomó un vuelo a Zurich, vendió los cuadros y, por primera vez en su vida, recibió dinero «individual». Al regresar contrató a un profesor de francés y se compró una máquina de fotos. «Para acordarme de la gente y de los sitios», dice. Uno de sus hermanos le regaló un teléfono móvil. Transformación radical en el seno de la familia: en vez de lamentarse de que Fátima siga soltera a los treinta y cinco años, y de prohibirle que viaje a fin de resultar más «atractiva» a los ojos de los pretendientes, su padre y sus hermanos se movilizaron para introducirla en el circuito de las actividades cívicas, única posibilidad de conocer a otros artistas, y en consecuencia de perfeccionar sus habilidades en contacto con ellos. Los hermanos de Fátima organizaron su tiempo en función del programa de su hermana, ya que Fátima, en espera de que mejorasen su árabe y su francés, necesitaba intérpretes. Sus cuadros, más allá del alfabeto tifinag, describen la magia extraordinaria de las gargantas del Dra, famosas como lugar de paso de aves migratorias, o bien escenas de la vida cotidiana, como mujeres acarreando leña.

Las tejedoras rescatan escrituras olvidadas

Una de las características del Marruecos actual es que construye su democracia reivindicando su pluralismo, es decir, que ya no mutila su identidad reduciéndola a los tiempos de la conquista árabe, sino que nos devuelve nuestro pasado fenicio y romano, focalizado en el Mediterráneo, o nuestra cultura africana, que recibe el nombre de líbico-bereber. Esta cultura hunde sus raíces en el África sahariana y llega por tierra a Oriente Próximo, sobre todo a Egipto. Es justamente la cultura líbico-bereber la que encontramos tanto en las paredes rocosas de los yacimientos rupestres como en nuestras alfombras. «Generalmente, en el norte de África, los testimonios de las escrituras líbicas de Numidia se consideran contemporáneas de la antigüedad cartaginesa y romana. Tras experimentar evoluciones diversas durante unos veinticinco siglos, sobrevive en escrituras actuales, los diversos tifinag, la escritura de los tuareg, bereberes del Sáhara y el Sahel. Estas escrituras figuran entre las más antiguas del mundo.»[1]

¿Cuántas horas de trabajo al día?

Tejer solo es una de las muchas funciones que debe cumplir la mujer rural, como el duro trabajo de acarrear agua y leña y su participación en las tareas agrícolas. ¿Os habéis preguntado alguna vez cuántas horas trabaja al día? Y no olvidemos que, al ser las regiones de montaña zonas de emigración, la mayoría de las mujeres del Atlas se ven convertidas de facto en cabezas de familia. El resultado es que deben añadir todo tipo de engorros administrativos a las labores tradicionales. Me

preguntaréis por qué lo explico. No para que os compadez-
cáis de ellas, no, sino para que valoréis la increíble hazaña de
estas mujeres supuestamente analfabetas, que en realidad son
campeonas en el arte de sobrevivir. ¿Será por eso que uno de
los signos que más utilizan en sus alfombras es el de Venus,
diosa de la vida y del placer? Efectivamente. Habéis leído
bien. En Marruecos, Venus se esconde en las alfombras.

10

Buscad a Venus en las alfombras
Dibujos geométricos con 30.000 años de antigüedad

¡Basta ya de asociar mujer rural e ignorancia! Estas señoras han conservado para vosotros los símbolos de un arte prehistórico entre los que destaca una magnífica estrella, símbolo de Venus. La estrella en todas sus formas, incluida la que aparece en nuestra bandera, debe vincularse al culto a Venus, vigente durante mucho tiempo en las costas del Mediterráneo. Cuando llegó el momento de la decadencia de las diosas, la pobre Venus se apresuró a esconderse en las inscripciones rupestres y las alfombras, para que se olvidaran de ella. Si pedís a las mujeres de aquella región (a cien kilómetros de Uarzazat en dirección a Agadir) que pongan nombre a algunos dibujos, como lo hice yo en 1984 —cuando visité la zona con los directores de cine Mohamed Tazi y Hamid Bennati, que estaban preparando una serie de documentales en el Tazenajt—, os canturrearán las palabras bereberes *itzran* o *izr* (estrella) y *lamri* (espejo); dos cosas, la estrella y el espejo, universalmente conocidas como símbolos de Venus.[1]

Mi consejo, por lo tanto, es que hagáis como yo y emprendáis un viaje tras los pasos de Venus. Nunca compréis alfombras a los vendedores de los bazares. En todos los pueblos pequeños que visitéis, acudid directamente a casa de las tejedoras. A ellas les encanta, porque los vendedores de los bazares les pagan cantidades ridículas. Además, tendréis derecho al té y a la conversación. ¿Cómo ponerse en contacto con ellas? ¡Pues cómo va a ser! ¡Sintonizando Radio Medina! Pedid información a los comerciantes de los zocos, o en los colmados, que también venden prensa y siempre están muy al corriente de lo que sucede. Combinad Radio Medina con los encargados de los teléfonos públicos. ¿Por qué? Porque los responsables de los locutorios no tienen nada más que hacer que oír las conversaciones ajenas, y por eso siempre están al corriente de todos los secretos locales.

Resumiendo: en 1984, transcurridos tan solo minutos de conversación en un café del *duar* Asaka, me mandaron a la casa de al-Haya, una vieja tejedora que entonces tenía cincuenta años. Nada más enseñarle el símbolo de la diosa Venus que saqué de mi bolsillo, al-Haya empezó a repetir *izr*, *izr*, y, como había adivinado que yo era analfabeta en bereber, dijo *nachma* (estrella, en árabe), mientras acariciaba el dibujo con un dedo para cerciorarse de haber captado bien su mensaje. En las siguientes páginas encontraréis todo lo necesario para organizar vuestro circuito tras el rastro de Venus.

Se empieza por identificar el símbolo en la Babilonia del siglo XIII a.C., se continúa con su representación en las alfombras marroquíes y se llega finalmente a dos mapas: uno donde aparecen indicados los centros de tejido de Marruecos y el otro con las coordenadas de los yacimientos prehistóricos.

Huelga añadir que la coincidencia entre los centros de tejido y los yacimientos prehistóricos es evidente.

La estrella en Babilonia

Según Jeremy Black y Anthony Green, dos expertos en la antigua Mesopotamia —el Irak de nuestros días, para quien no tenga ni idea de geografía—, los tres símbolos babilónicos reproducidos en esta página representan la luna, el planeta Venus y el sol.

Según ellos, la media luna (dibujo de la izquierda) se asociaba con frecuencia al dios de la luna (Sin).

La estrella de ocho puntas (en el centro) estaba asociada a Ishtar, diosa del amor y de la guerra, y se identificaba con el planeta Venus.

El disco solar, con una estrella inscrita en el círculo (a la derecha), era el símbolo del dios Sol, cuyo nombre era Shamas.

Da la casualidad de que *shams* es la palabra que empleamos actualmente para decir «sol» en árabe, aunque hay una diferencia: ahora *shams* se refiere a una entidad femenina, pero eso forma parte de una historia que contaré en otro libro, *inshallah*.

La estrella en las alfombras marroquíes

El corpus de alfombras marroquíes elaborado por el Ministerio de Artesanía en 1989 sitúa estas dos estrellas en las alfombras del Alto Atlas y el Atlas Medio, entre otros lugares. Los dibujos están incluidos en *Las alfombras y hanbel de la región de Jemiset*.[2] En el momento de confeccionar el corpus, los expertos del ministerio pidieron a las tejedoras que identificasen con *najma* (estrella) la número 37 (a la izquierda) y con *raya* (bandera) la número 35 (a la derecha). Cinco años antes, en 1984, durante mi paso por Tazenajt, las ancianas tejedoras a quienes entrevisté no usaron ni una vez la palabra árabe *raya*. Solo se referían a ambos símbolos con los nombres bereberes de la estrella: *itzran* o *izr*.

Cinco años después, tras la llegada de la electricidad y la televisión a las localidades pequeñas, y la proliferación de colegios que ha permitido escolarizar a las niñas, observé que las tejedoras jóvenes tendían a usar las palabras árabes, *najma* o *raya*. Lo digo para llamar la atención sobre la fragilidad extrema de esta antigua memoria, y sobre la necesidad de que todos, seamos marroquíes o turistas extranjeros, acordemos la importancia que merecen nuestras ancianas tejedoras, y les rindamos honores visitándolas cada vez que pasemos por sus pueblos.

Los principales centros de tejido de alfombras

Según Abd al-Yalil al-Hachraui, conservador del Museo Arqueológico de Rabat, «en Marruecos el arte prehistórico hizo su aparición hacia 3000 a.c.: se han descubierto miles de incisiones en el Alto Atlas, especialmente en Ukaimeden, el Yogur y el Tizi Ntirlist. También se encuentran a lo largo de todo el Yebel Bani y el valle del Dra. Las representaciones son muy variadas: fauna (en algunos casos especies actualmente extintas), motivos geométricos, armas y representaciones humanas».[3]

Las mujeres han seguido tejiendo tranquilamente esa memoria. A través de sus alfombras, hablan un idioma reducido a la más pura abstracción, que hace referencia a una época sagrada, en los albores del alfabeto. Explotadas por los vendedores de los bazares, se vengan embriagando a sus clientes, nacionales e internacionales, para que recuerden códigos olvidados. Teniendo en cuenta que las mujeres de las zonas rurales han salvado este patrimonio del olvido, quizá hubiera que recomendarles la contratación de abogados que pidan una recompensa millonaria a los estados de la región, así como a la Unesco.

A mi juicio, la mejor introducción al Marruecos antiguo, magníficamente ilustrada, sigue siendo el volumen *De l'empire romain aux villes impériales: 6.000 ans d'art au Maroc*. Por desgracia es un libro agotado, imposible de encontrar en las librerías.

Para facilitaros los deberes, id a la página 127 y fijaos en el mapa de los principales yacimientos marroquíes de la prehistoria y de la Antigüedad. Leed también la práctica cronología que lo precede, en las páginas 124, 125 y 127.

Todo ello no solo os permitirá navegar en el tiempo y el espacio, sino que os ayudará a quedar bien en las conversaciones de salón, después del viaje. Recordad que el pillo de Simbad, cada vez que volvía a Bagdad, se hacía una publicidad bárbara contando sus aventuras. Previamente, gracias a sus esfuerzos por que todos los mercaderes que habían salido con él se ahogaran en alguno de sus muchos naufragios, eliminaba cualquier riesgo de que le contradijeran, y se erigía así en el único testigo de sus propias hazañas.

Bueno, ahí va la cronología del Marruecos antiguo tal como la estableció Abd al-Yalil al-Hachraui en su artículo «La prehistoria», publicado en *De l'empire romain aux villes impériales: 6.000 ans d'art au Maroc*,[4] volumen editado en París en 1990 dentro de los preparativos de la *Année du Maroc* en el museo del Petit Palais:

1. *El Marruecos fenicio*. «La literatura tradicional sostiene que los fenicios desembarcaron hacia finales del siglo XII a.C. en las costas marroquíes, donde fundaron una de sus primeras colonias occidentales, la legendaria Lixus, pero esta tradición no ha podido ser confirmada por las investigaciones arqueológicas. Lo cierto es que a día de hoy los testimonios más antiguos de presencia fenicia solo se remontan al siglo VII. [...] Hasta ahora solo se han identificado con certeza dos asentamientos: Lixus y Mogador.»

2. *El Marruecos púnico*. «En el siglo V a.C., Hannon, un explorador cartaginés, emprendió un periplo por las costas marroquíes en cuyo transcurso fundó numerosas colonias. Es cierto que se han identificado pocas colonias, pero las investigaciones y excavaciones arqueológicas han revelado numerosos vestigios de la ocupación y la influencia púnicas, tanto en

el litoral mediterráneo y atlántico como en el interior. […] A partir del siglo III a.C., la ciudad mauritana de Volubilis fue gobernada por un colegio de *sufetes*, a ejemplo de Cartago y las ciudades cartaginesas.»

3. *El reino de Mauritania.* «Mientras las costas marroquíes se abrían al resto del Mediterráneo gracias a la intervención de los fenicios y los cartagineses, había un reino en formación. Estaba delimitado por el Atlántico al oeste, el valle del Muluya al este y el estrecho de Gibraltar al norte. Sus límites meridionales aún no han sido precisados. La existencia de este reino solo está confirmada por las fuentes antiguas a partir del siglo IV a.C. La historia de la dinastía mauritana solo empieza a aclararse desde finales del siglo II a.C., con el aumento de los intereses de Roma en esa parte de África. En el año 25 a.C., Roma pone al príncipe Juba II, hijo de Juba I, rey de Numidia, a la cabeza del reino de Mauritania.»

4. *La provincia romana de la Mauritania Tingitana.* «En el año 40 d.C., el emperador Calígula mandó asesinar al rey de Mauritania, Tolomeo, hijo de Juba II, y anexionó al Imperio romano su reino, que había sido amigo y aliado del Senado y el pueblo de Roma. La parte occidental pasó a ser la provincia romana de la Mauritania Tingitana.»

5. *El período posromano.* «La administración romana se retiró por primera vez de la Mauritania Tingitana el año 285, cuando, por razones desconocidas, evacuó la importante zona al sur del uadi Lukos. Únicamente conservó dos centros: Sala (Rabat) y el islote de Mogador (Esauira). Solo la ciudad de Ceuta quedó bajo gobierno de Roma, y más tarde de Bizancio, hasta la llegada del islam.»

6. *Los cinco siglos oscuros de la historia de Marruecos.* «Tras la retirada de los romanos, Marruecos entró en una fase oscu-

Mapa de Marruecos con los principales centros de tejido de alfombras

ATLAS MEDIO

REGIÓN DE MEQUÍNEZ	REGIÓN DE FEZ-TAZA	REGIÓN DE MARRAKECH
Ait Sgugu	Ait Alaham	Esauira
Beni Mguild	Ait Halli	Ahmar
Beni Mtir	Ait Igezran	Ait Immur
Guerruan	Ait Izdeg	Chiadma
Zaian	Marmucha	Chichaua
Zaer	Ait Uarain	Uled Buseba
Zemmur	Ait Segruchen	Rehamna
	Ait Yub	Tekna

ALTO ATLAS

REGIÓN DE UARZAZAT

Ait Uauzguit

MARRUECOS
ORIENTAL

REGIÓN DE TAURIRT

Uchda
Beni Bu Yahi
Beni Bu Zegu

Mapa de los yacimientos prehistóricos

Yacimientos antiguos   Yacimientos arqueológicos

Fuente: Abd al-Yalil al-Hachraui, «La Préhistoire», en *De l'empire romain aux villes impériales: 6000 ans d'art au Maroc,* Musée du Petit Palais, París, 1990, p. XXII.

ra de su historia. Este período duró entre cuatro y cinco siglos, según las regiones, y acabó con la llegada del islam y el advenimiento de la dinastía idrisí, a finales del siglo VIII. Durante las excavaciones se han encontrado muy pocos objetos que puedan fecharse en esta época.»

Estudiad atentamente el mapa de los principales yacimientos de la antigüedad (p. 127) y comparadlo con el de los centros de tejido (p. 126). Os parecerá mentira que coincidan tanto.

Un último consejo antes de dejaros en libertad por el Marruecos de los mitos: durante el viaje, prestad atención a las auténticas Venus, porque en Marruecos las que circulan de carne y hueso, bien sea púdicamente veladas, bien en biquini en algunas playas, son claramente más peligrosas que las que están cautivas en las alfombras o incisas en las paredes de los yacimientos prehistóricos.

Otro posible circuito, una vez terminado el de Venus, es el que consiste en visitar a las pintoras que han sido tejedoras. En Marruecos hay muchas, y se puede hablar sin exageración de una «dinastía de las tejedoras-pintoras», ya que es una tradición que nació con Chaibia Talal, la primera mujer recogida como analfabeta por las estadísticas que tuvo la osadía de infringir la frontera entre el espacio privado y el espacio público, dejando de hilar lana para coger el pincel. De ese modo, y con la exposición de sus pinturas en una galería de arte, Chaibia, nacida en 1929, provocó una verdadera minirrevolución feminista en el reino marroquí de los años sesenta. En esos años, las únicas mujeres con derecho a trabajar y ganar dinero en el espacio público, que se consideraba monopolio del sexo masculino, eran las que tenían un título, como yo. Una mujer como Chaibia, que proclamaba a diestro y siniestro su analfabetismo, demostró que a una antigua tejedora sin titulación le bastaba con coger el pincel para hacer la competencia a los hombres en las galerías. La primera vez que aceptó hablar conmigo, en los años ochenta, se pasó toda la entrevista tomándome el pelo. Desde que había descubierto que ganaba más con sus cuadros que yo con mis libros, se dirigía a mí como *al-Qaria*, «la Diplomada».

11

Chaibia:
la analfabeta que gana millones

Que yo sepa, en la historia del Marruecos moderno Chaibia (nacida en 1929, en la periferia rural de Casablanca, y muerta el 2 de abril de 2004) fue la primera mujer proletaria que logró pasar directamente, y sin permiso, de vender lana a vender cuadros. Vendió su primera tela en 1966, a los treinta y seis años. Partiendo de una actividad doméstica devaluada por su doble condición de femenina y arcaica, Chaibia se abrió camino en las galerías de arte, espacios de marketing para productos de lujo reservados a la burguesía local, muy aferrada a las élites occidentales que monopolizan la preciosa marca «modernidad». Es cierto que antes de Chaibia el mundo occidental, por boca de André Breton, gerifalte del surrealismo, ya había saludado a la primera pintora naif del norte de África, la argelina Baya (que expuso a los dieciséis años en la galería Maeght), definiéndola como «una brillante aparición bajo el ansioso cielo parisino de noviembre de 1947».[1] Si Breton quedó tan fascinado por Baya, es porque en sus cuadros había una luz optimista que el Occidente colonizador, drogado por su poderío militar (que lo condenaba irremisiblemente a seguir anclado a su pulsión de muerte), había perdido. Baya, dijo Breton con entusiasmo, se ofrecía a todos los que, «rechazando las anteojeras racionalistas, creen contra todo y contra todos en la liberación del mundo, y aspiran a encontrar, dondequiera que estén, la frescura de la inspiración y la osadía de concepto que trae consigo».[2] Instintivamente, Breton había identificado las dos ventanas que la pintura de las mujeres norteafricanas abría ante los ojos de un imaginario europeo atrapado en su propia racionalidad casi quirúrgica: el acceso a la memoria simbólica bereber y el fluir lleno de afecto de una frescura propia de la infancia.

¡Antes de Chaibia, la argelina Baya fascinó a André Breton y a Picasso!

Breton explicaba que los cuadros de Baya (en la foto, tomada en Rabat en 1994), por un lado, conectan nuevamente al espectador con «todo lo vivo que la imaginación bereber actual ha conservado de la tradición del antiguo Egipto», y, por el otro, con los ojos maravillados de un niño que recuerda a su madre como el centro de un mundo fabuloso donde «la mujer erige, imagina y engendra sueños y divinidades».[3] Aparte de Breton, el otro europeo que quedó fascinado por Baya fue Picasso, que la conoció dos años después. Según Asia Yebar, una escritora argelina que entrevistó a Baya en los años noventa, el maestro solía visitarla durante sus estancias en el sur de Francia, cuando la familia francesa que la protegía ya había logrado montarle un estudio en Madura, donde creaba «terracotas y cerámicas, a un paso de Picasso y Vallauris».[4]

Baya es una mujer más bien mística, muy silenciosa, cuyo carácter reservado hace difícil hablar por hablar; aun así, dio más detalles sobre el tema a Dalila Morsly, otra académica argelina, que la homenajeó en 1994 con motivo de su exposición en Rabat. «Pasamos todo un mes juntos. Nuestros talleres eran concomitantes. De vez en cuando él [Picasso] venía a ver qué hacía. Comíamos juntos cuscús. Era un hombre espléndido, magnífico. Yo iba a ver qué hacía. Entonces estaba en su época de los peces y las terracotas.»[5] Sin embargo, a diferencia del francés Breton, que hizo el esfuerzo de poner por escrito lo que le inspiraban Baya y su pintura, Picasso, como buen andaluz, se conformó con comerse el cuscús y olvidó inmortalizarla con alguna mención en sus diarios.

Pero volvamos a Chaibia. Entre las dos artistas norteafricanas existe una enorme diferencia de clase, a pesar de todo lo que tienen en común como mujeres: una tenía protectores, y la otra no. A pesar de una infancia trágica —perdió a sus padres a la edad de cinco años—, Baya fue adoptada por una familia francesa que tenía contactos con el ambiente artístico parisino y que la ayudó a exponer en la galería Maeght, y a acceder al estudio de Vallauris. En el caso de Chaibia, joven proletaria en la Casablanca colonial de los años cuarenta, su singularidad está marcada por una absoluta soledad. Ella, que se casó a la fuerza a los trece años, en 1942, y que a los quince, tras perder a su marido en un accidente, fue obligada a emigrar con un niño en brazos para hacer de criada en Casablanca, no tenía a nadie que la ayudara. En el duro universo de la adolescencia de Chaibia falta la presencia protectora de una familia francesa como la de Baya. «A mí no me protegía nadie, ni franceses ni árabes. No sé, quizá unos chinos hubieran tenido menos duro el corazón», me dijo, sonriendo con malicia, cuando la entrevisté en 1985.

El caso de Chaibia suscita espontáneamente una pregunta sobre el misterio de la confianza en uno mismo: ¿de dónde sacó la fuerza necesaria para superar tres barreras —de sexo, clase y cultura— y llegar a expresarse con un pincel, vendiendo sus obras en el mercado del arte, que condena a las personas como ella a la exclusión? «Se me acumulaban demasiadas ideas en la cabecita. Tenía que encontrar una manera de sacarlas.» Es fácil de decir, pero muchos, cuando su cabeza es un torbellino de ideas, acaban en el psiquiátrico. Por eso es tan interesante analizar el caso de Chaibia. Como Baya, ignoró olímpicamente el mundo de las academias de arte, verdaderos templos del saber de Occidente sobre la cultura, y a los papas que oficiaban en ellos y expedían títulos y legitimidades.

Chaibia y Baya ignoraban las academias y recurrían a la tradición

Tanto la argelina Baya como la marroquí Chaibia se atrevieron a cruzar el umbral de las galerías parisinas sin renunciar a su desprecio por las academias. Ambas aprovecharon la especificidad de su cultura femenina, que rehuía los alfabetos oficiales y sus escribas. Según André Laude, Chaibia llegó al extremo de afirmar que se inventaba sus propias leyes: «Como la tela se organiza lejos de las enseñanzas de los maestros, antiguos y modernos, los colores se unen a despecho del buen gusto».[6] Baya, observa el pintor argelino Ali Silem, «es toda audacia, energía espiritual y ausencia total de inhibiciones. No espera aprender nada de los museos, ni se deja entorpecer por dudas o preguntas sobre la verdad de su universo».[7] Cuando Dalila Morsly le preguntó cómo construía sus cuadros, no vaciló en declarar que en su mundo lo femenino es el centro del universo: «En general empiezo con una mujer. Todo lo demás viene luego. La mujer es el centro, y el resto se reparte alrededor».[8]

Ali Silem quedó sorprendido por el hecho de que Baya diera poca importancia a la firma de la obra, uno de los ritos más sagrados de la tradición pictórica occidental: «Una pintura siempre acaba con la firma que la identifica, la autentifica y permite su reivindicación. En la historia del arte, muchos pintores adoptaron un modo original de que sus obras fueran reconocibles. El pintor veneciano Cima da Conegliano (1459-1518) firmaba sus cuadros con un conejo; Henri Met de Bles (1480-1550), de origen flamenco, con una lechuza; el poeta argelino Jean Sénac terminaba sus poesías con un sol de cinco rayos».[9] Baya no solo se niega a firmar sus obras con alfabetos conocidos, como el árabe o el francés, sino que tiene la osadía de inventarse un idioma ilegible: «La firma de Baya da una ilusión de legibilidad, pero en realidad es ilegible».[10] La conclusión de Ali Silem es la siguiente: «Esta mujer se mueve entre lo caligráfico y lo vegetal». Y termina su análisis, lleno de admiración, diciendo que la florida firma de Baya es ni más ni menos que «un sello de princesa».

Este desafío de Baya y Chaibia a los académicos —que pontificaban sobre un saber occidental almacenado en museos que, pese a estar declarados como espacio público, excluían a las propias mujeres europeas, como lo demuestra el famoso caso de Artemisia Gentileschi— explica la fascinación que despertaron cuando salieron de las orillas marginales del norte de África.

Baya gozaba de apoyos. Chaibia no. De ahí su fama marroquí y mundial. Es cierto que la ayudó y defendió su hijo Talal, convertido con el tiempo en uno de los mejores pintores de su generación en Casablanca, pero lo que nos interesa es lo que ocurrió cuando Talal todavía era pequeño y Chaibia no tenía más remedio que contar exclusivamente consigo misma para realizar su sueño de coger el pincel. En un islam que condena la representación de figuras, expresarse con el pincel era un acto preñado de consecuencias, y Chaibia lo sabía muy bien. Solo Dios tenía el poder soberano de crear seres humanos. Da la casualidad de que en cierta ocasión Chaibia soñó que dos hombres santos le daban permiso para pintar. Antes de entrar en el sueño de Chaibia, dos palabras al vuelo sobre la condición de la pintura en la cultura árabe: ¿existe o no?

Si la imagen está prohibida, ¿podemos hablar de una tradición pictórica árabe?

Para entender la audacia de Chaibia en los años sesenta, hay que tener presente que en el norte de África la irrupción de la pintura y de las galerías de arte fue una de las vías por las que se manifestó el triunfo de la cultura occidental. La existencia o inexistencia de una tradición pictórica autóctona fue uno de los debates políticos más agitados del momento. Los que querían demonizar a los artistas árabes llegaron a negar que hubiera existido semejante tradición en algún momento de la historia, negación que obviamente tenía más que ver con la demagogia que con la ciencia. Hubo que esperar a 1962 para que

Richard Ettinghausen, experto en arte de Oriente Próximo y principal conservador de la Freer Gallery de Washington, publicara su libro *La pintura árabe*,[11] obra que con su suntuoso aparato de ilustraciones despejó cualquier duda sobre el tema. Lo que ocurre es que se trata de una tradición pictórica que usa otros soportes, no los de los cuadros colgados en las paredes. «El término "pintura" se adopta aquí en sentido lato —recordaba Ettinghausen en la introducción—. No engloba únicamente frescos y pinturas en los soportes habituales, pergamino o papel, sino mosaicos de piedra y vidrio y terracota pintada.»[12] Si añadimos las alfombras, tradición preservada ininterrumpidamente por las mujeres, tendremos una idea de la variedad de productos en que se refugió el arte pictórico en un mundo árabe musulmán enfrentado a la prohibición de representar imágenes figurativas.

Esta digresión histórica aclara la dimensión indudablemente occidental, y eminentemente extranjera, por lo tanto, de los primeros cuadros que aparecieron en las paredes de las galerías de arte de Argel y Casablanca en los años cuarenta y cincuenta, así como la audacia de mujeres como Baya y Chaibia, que se atrevieron a invadirlas. Lo cual nos lleva una vez más a la cuestión crucial de la confianza en uno mismo.

En el fondo todo nuestro destino, seamos hombres o mujeres, gira alrededor de la confianza en uno mismo, la convicción de llevar dentro la luz que orientará la dirección del universo, influirá en sus seres y hará que lleguemos a sus astros. Esa característica, la de la confianza, fue una de las que me sorprendieron cuando empecé a entrevistarme con mujeres que no habían podido recibir una formación académica. Una confianza magníficamente ejemplificada por los casos de Baya y Chaibia, que, como hemos visto, no solo ignoraron a las academias de arte y sus diplomas, sino que aprovecharon el hecho de que sus fuentes de inspiración procedieran de su intimidad y su memoria, consciente o inconsciente.

Yo creo que la fe de Chaibia y Baya en su valor intrínseco como depositarias de un patrimonio universal es algo que hemos perdido todos, los hombres y mujeres que aceptamos el juego de los títulos y la modernidad.

«Si una mujer se cae, no hay nadie que la levante»

Mi fascinación por Chaibia se remonta a 1985, a una de sus apariciones en la televisión marroquí. Se pasó todo el programa esquivando a su entrevistador, que aprovechaba cualquier ocasión para ponerla en aprietos subrayando su analfabetismo y el hecho de que no tenía ningún conocimiento de la pintura que pretendía dominar. Le pedí una entrevista, y para prepararme leí todo lo publicado sobre ella. Sabía que había llegado al centro de Casablanca a los quince años, en los años cuarenta, con un niño en brazos; también sabía que había hecho su primera exposición a los treinta y cuatro, en 1963, pero ¿qué había ocurrido entre ambas fechas? ¿Cómo había logrado mantener vivo su sueño de evasión? He ahí lo que me preguntaba.

«¿Cómo se crea un horizonte abierto cuando se está atrapado en perspectivas sin salida?», le pregunté a bocajarro. Antes de contestar con voz sorda, Chaibia me miró fijamente y sacudió la cabeza. La estaba obligando a revivir recuerdos dolorosos.

«Me haces gracia. Lo que tendrías que preguntarme es cómo conseguí ganarme la vida hasta entonces. ¿Qué quieres que haga una mujer analfabeta, una viuda de quince años con un bebé en brazos? ¿No te lo imaginas? Empecé con la lana después de que muriera mi marido en un accidente. La compraba, la lavaba, la hilaba y se la daba a una amiga para que la vendiese. Habría podido casarme otra vez después del luto, me sobraban pretendientes, pero tenía miedo de que me tocase uno que maltratase al niño. Además, quería vivir la *hurriya*, la libertad. Aparte de la lana, lavaba ropa y pasaba el trapo. ¡Vaya, que limpiaba en casa de los demás! Pero lo que tenía que hacer lo hacía a conciencia. No olvides que a diferencia de ti, que eres de ciudad, yo nací en la Chtuka, la periferia de Casablanca. Soy campesina de nacimiento. Lo que me daba fuerzas para resistir eran los recuerdos de mi infancia en el campo.»[13]

Escuchando a Chaibia descubrí una de las ventajas de los marroquíes nacidos en el campo y emigrados a la ciudad con un bagaje de imágenes ligadas a la belleza de la naturaleza y los rituales colectivos de los *musem*, las fiestas que se organizan después de la cosecha alrededor del santuario del patrón de la región.

«De niña, en la Chtuka, me hacía coronas de flores y me las ponía en la cabeza. Para que lo sepas. Iba como loca por las amapolas y las margaritas. Me pasaba horas rodando por ellas. […] Tú, Fátima, que has nacido en la medina de Fez, con sus callejones estrechos, no puedes imaginarte el placer de rodar por la hierba. Me moría de gusto con las gavillas de heno. Dudo que sepas lo que es meterse en el heno cuando llueve. Una lluvia fresca, que más que verla la sientes. Todo eso, mirando mis cuadros, lo encuentras.»[14]

Me señaló un detalle que se me había pasado totalmente por alto: que el propio nombre de Chaibia procede directamente del de Mulay Buchaib, el santo de la región. «Mi madre decidió llamarme como el santo para que gozara de su protección. Sí, mi poder viene del santuario que me ha dado nombre. Mi fuerza viene de mi estrecha relación primero con Mulay Buchaib y luego con las flores. En primavera había una invasión de flores. Las usaba para hacerme muñecas, cuerdas y todo tipo de cosas, como en la India.»

Así pues, lo que permitió que Chaibia, todavía adolescente, luchase contra la dureza de la ciudad y se concentrara en su sueño de crear una vía de salida orientada a las alturas (de darse alas para acceder a otros espacios que la hicieran más feliz) fue su total conexión con la naturaleza. En su discurso hay tres palabras que se repiten como un leitmotiv: *hurriya* (libertad), *hanan* (ternura) y *tadamun* (solidaridad). «Si haces la tontería de caerte, no tendrás a nadie que te levante de la inmundicia en la que te debates. En una ciudad grande como Casablanca no se oye la voz de una mujer llorando. Tienes que convertirte a ti misma en la fuente de lo que deseas: *hurriya*, *hanan* y *tadamun*. Yo tuve que inventarme un camino de salida que me diera los tres tesoros. Fue el pincel.»

Una noche, en uno de sus sueños, aparecieron dos hombres que le dieron permiso para pintar y dibujar cosas, a pesar de que Chaibia ignorase el alfabeto.

Chaibia sueña con hombres barbudos que le ofrecen un pincel

Oyendo hablar a Chaibia sobre la importancia de los sueños, el presentador de nuestra televisión se echó a reír y quiso ponerla en ridículo. De ese modo me hizo darme cuenta de que

yo, a pesar de mis títulos, había perdido la fuerza de fabricar-
me unos sueños a medida que me dieran alas, como a Chaibia. «Tuve un sueño en la habitación de aquí al lado, la que
da al jardín —me explicó la pintora cuando la visité después
de su aparición televisiva—. Yo estaba en mi casa, y el cielo
estaba azul, con estandartes que restallaban al viento como
en una tormenta. Entre la habitación donde estaba yo y la
puerta había velas encendidas. Se abrió la puerta y entraron
unos hombres vestidos de blanco que me traían pinceles y telas. Algunos eran jóvenes. También había dos viejos con barba larga. Me dijeron: "Desde ahora te ganarás la vida con
esto". Ese sueño está ahí, pero la verdad es que yo desde niña
ya sabía que iba a algún sitio. Al día siguiente le conté el sueño a mi hermana. Tenía que cumplirlo. Otro día después fui
a la medina y compré los colores. De los que se usan para
pintar las puertas, ¿sabes? En realidad no tenía ninguna importancia. Lo importante era crear, empezar, creer que tenía
algo que transmitir.»[15]

Lo sorprendente de la actitud del presentador del programa es que en aquella época Chaibia era mucho más famosa que él, pero eso no le impidió acosarla. Chaibia había expuesto en los espacios más prestigiosos del mundo: el Museo
de Arte Moderno de París (1966), la galería L'Oeil de Boeuf
(a partir de 1973) y el Grand Palais, pero lo que el presentador no podía soportar era que no quisiera esconder su analfabetismo, y que apareciera por la tele con su caftán tradicional
y su árabe dialectal popular.

Desde aquel programa entendí el motivo de que yo, como
mujer árabe que había decidido armarse de un título de la
Sorbona y un doctorado en Estados Unidos, hubiera renun-
ciado instintivamente al atuendo tradicional: para demostrar

que había cortado las amarras con la cultura rebelde de mi madre (analfabeta, como Chaibia), tenía que embutirme en faldas de la talla 40, o como mucho de la 42, para hacerles el juego a los hombres que custodian el artificioso umbral de una democracia occidental presa de un consumismo idiotizador. Pavoneándome con faldas ceñidas, y vistiéndome a la manera occidental, me declaraba inocente de una feminidad tradicional traidora, que hundía sus raíces en oscuros horizontes de diosas y magos. Durante mis entrevistas con Chaibia, que tenía un talle enorme (como el mío de ahora), ella se reía a carcajada limpia de las cinturitas de avispa de las periodistas parisinas que la visitaban. «¡Pobres, se mueren de hambre!», repetía sin descanso, acariciando su holgado caftán.

Me pasé varios meses reflexionando sobre mi reacción a aquel programa, y sobre la razón de que hubiera sentido en carne propia los comentarios humillantes dirigidos a Chaibia por el presentador. Al final me di cuenta de que, contrariamente a lo que pensamos, las mujeres modernas que hemos decidido jugar la carta de las titulaciones académicas lo hemos pagado con la capacidad (conservada por Chaibia) de otorgar al deseo la forma de un sueño mítico, y de crearnos nuestra propia magia. Sí, es cierto que he ganado mucho accediendo a la universidad y la modernidad, sobre todo un salario y garantías sociales, pero he perdido la fe en mi capacidad de cambiar el mundo y orientar el destino.

Vuelvo así al tema que a mi juicio enciende una chispa de esperanza en un futuro en que, a pesar de la guerra que hace estragos en Irak, el elemento humano pueda triunfar: el rápido crecimiento de la sociedad civil, que humaniza el espacio público. La reconciliación entre los sexos es una de las dimensiones positivas de este crecimiento de las iniciativas cívicas en nuestro país, como demuestra el caso de Regraguia, otra tejedora que se pasó a la pintura en 1990, pero cuya batalla ha sido menos dura que la de Chaibia gracias a los jóvenes de su ciudad, que acudieron raudos en su ayuda cuando ya no pudo pagarse el alquiler. Pero antes de saltar a Regraguia, y a los años noventa, quiero rendir un último homenaje a Chaibia recordando que fue ella quien abrió el camino a otras mujeres que han dejado las alfombras para dedicarse a la pintura.

12

La dinastía de las tejedoras pintoras

Son muchas las mujeres que, siguiendo los pasos de Chaibia, pasaron de las actividades domésticas a la pintura sin preocuparse por los títulos: Fatna Gburi, nacida en Safi en 1924; Fátima Hasan, nacida en Tetuán en 1945; Fátima Eluardiri, nacida en Salé en 1956... No es una lista completa, ni mucho menos. Solo cito a estas tres porque conozco su obra. Mi objetivo, repito una vez más, es que cuando viajéis por Marruecos no olvidéis preguntar la dirección de los artistas locales en los colmados de las ciudades y pueblos por los que paséis. En un país tan rico en tradiciones artesanales, muchos creadores (de ambos sexos, ojo) todavía vacilan en llamarse artistas, y rara vez firman sus obras, aunque sean innovadoras, no simples reproducciones de modelos ancestrales.

Fatna Gburi de Safi, nacida en 1924: empezar a pintar a los sesenta y cuatro años

Fatna Gburi solo se atrevió a empezar a pintar «a la edad de sesenta y cuatro años, cuando su hijo, alumno del CPR de artes plásticas de Rabat, le pidió en broma que le hiciera un dibujito con un lápiz que por casualidad tenía cerca. Desde entonces no ha parado», escribió un periodista en marzo de 1986, cuando Fatna expuso en el Centro Cultural Francés de Rabat.

En una entrevista publicada en el periódico *Le Sahara* del 16 de enero de 1998, Fatna citó como sus principales fuentes de inspiración la belleza del mundo natural, los trabajos agrícolas y el tejido de su infancia, y dijo al periodista que le había pedido que comentara sus cuadros: «Pasé mi infancia en los alrededores de la ciudad de El Yadida. Trabajaba en el campo y tejía alfombras de colores cambiantes. Resumiendo, que me hice mayor rodeada por la belleza de la naturaleza, y me enriquecí con esas tradiciones y rituales que tan fuertes son en nuestros campos. Todo eso es lo que evoca el pincel, y lo que encontraréis en mis cuadros».

A pesar de los ánimos de su hijo —también artista, como Talal, el hijo de Chaibia—, Fatna Gburi tardó mucho en transgredir la frontera. Sería interesante que nuestros periodistas y psicólogos jóvenes escucharan pacientemente a Fatna Gburi, y entendieran lo mucho que tardó en tener el valor de coger un pincel. Ya sería hora de que Marruecos le hiciera un homenaje.

No es necesario insistir en los símbolos que elige para organizar su universo pictórico, sobre todo la omnipresencia de la estrella. Venus resplandece todavía bajo el cielo azul de nuestro reino.

Fátima Hasan, de Tetuán, nacida en 1945: cuadros que cruzan el Atlántico

Fátima Hasan trabaja y vive en Rabat con su marido Hasan al-Faruch, también pintor, y su más firme apoyo. Artista autodidacta, Fátima se dedicaba a labores de tejido y bordado antes de lanzarse a la pintura. Su primera exposición data de 1966. Desde entonces sus cuadros han cruzado el Atlántico para ser expuestos en Estados Unidos y Canadá.

Fátima Eluardiri, de Salé, nacida en 1956: cuadros plagados de alfombras

De niña, Fátima Eluardiri cogía los pinceles de su padre, Ahmed Eluardiri, uno de los pioneros de la llamada pintura naif. Sin embargo, aunque fuera la más afortunada de las tres —en la medida en que fue al colegio, y tuvo la oportunidad de instruirse—, sus cuadros reflejan la herencia de una tradición —la del tejido y el bordado— muy viva en Salé, uno de los mayores centros de tejido del país. Fátima Eluardiri celebró su primera exposición en Rabat, en 1974.

Pero la novedad, para Marruecos, estriba en que es la sociedad civil la que sale en defensa de las mujeres que llegan a la pintura pasando por la tradición artesanal de la alfombra. Como demuestra el caso de Regraguia Benhila (que veremos en el próximo capítulo), las mujeres proletarias que desean hacerse un hueco en el espacio público ya no necesitan el apoyo patriarcal —marido, hijo o padre— para acceder a las galerías de arte. Fueron los jóvenes de las asociaciones de Esauira los que movilizaron a toda la ciudad para poder pagar el alquiler de Regraguia e impedir que la echasen del estudio que ocupaba. La historia de Regraguia anuncia el nacimiento de una nueva clase de hombre marroquí: un ciudadano que ya no vive lo femenino como una cuestión ajena, sino como una dimensión integral de su universalidad.

13

Esauira, capital cívica:
el alquiler de Regraguia

 La aparición de Regraguia en 1996, con el atuendo tradicional de las mujeres de clase trabajadora de Esauira —*haik* (manto) blanco y *ngab* (velo) negro—, en plena sesión de la Universidad Popular de Esauira celebrada en un antiguo palacio, fue muy comentada. Normalmente, en esos sitios, si entra una mujer con el *haik* tradicional es para limpiar o por algún asunto doméstico. No era el caso. Regraguia pasó revista a la concurrencia para identificar a los periodistas y sociólogos como yo que habían acudido a entrevistarla. Señalemos que se había convertido en toda una estrella de la sociedad civil, desde que un pequeño grupo de jóvenes pertenecientes a la órbita de las seis asociaciones locales (con mayoría de maestros y profesores de enseñanza superior) había conseguido recoger los 10.000 dirhams de alquiler atrasado que Regraguia debía a su casero organizando conciertos y veladas teatrales. Mediante la entrega de la suma al juez, *al-yamaiyun* (los socios) detuvieron

los trámites de expulsión de Regraguia de su minúsculo estudio, sito en el 19 bis de la calle Mulay Sliman, que la artista había alquilado en 1990, un año después de su primera exposición, al dejar de lavar pieles de oveja e hilar lana y pasarse a la pintura. Fue un suceso que galvanizó la ciudad, porque revalorizaba la imagen de la juventud. A pesar de estar sin blanca, los jóvenes habían logrado obtener ganancias gracias al *tadamun* (solidaridad), valor clave de la sociedad civil.

La historia se había contado tantas veces que la sabía todo el mundo. Al dejar de ganar lo suficiente lavando pieles de oveja e hilando lana, Regraguia se había ido a Agadir para trabajar de cocinera en un hotel. Desde 1986 se moría de ganas de pintar, pero tenía miedo de entrar en una galería de arte.

El hecho de que los jóvenes volvieran a levantar la antorcha del *tadamun*, la solidaridad tradicional, en ayuda de una mujer de la edad de sus madres fue lo que devolvió a la ciudad la confianza en su capacidad de evitar la exclusión de los más frágiles. Sin embargo, el alquiler de Regraguia no fue un hecho aislado. Se inscribía en el marco de las actividades culturales puestas en marcha por la sociedad civil, como la Universidad Popular, lanzada en 1996, en la estela del ajuste estructural, por algunas mentes geniales originarias de Esauira que habían vuelto rápidamente para salvar a la ciudad del desempleo. La presencia de André Azoulay y de Tayeb Sadiki, dos figuras de prestigio mundial —el primero como experto en economía internacional y el segundo como mago de la comunicación y defensor del derecho de los ciudadanos a un teatro de calidad—, devolvió a las personas de extracción humilde como Regraguia, y a sus defensores, una confianza embriagadora en su capacidad de inventar un futuro mejor.

La Universidad Popular de Esauira: el civismo como horizonte de futuro

Aunque solo esté a 350 kilómetros al sur de Casablanca y 170 al oeste de Marrakech, la ciudad de Esauira no se benefició del despertar económico de la primera ni del boom turístico de la segunda hasta los años noventa. A pesar de su magnífica bahía, y del interés de alguna que otra estrella —Orson Welles, que rodó en ella su célebre *Otelo* de 1952, o los músicos Jimi Hendrix y Cat Stevens, que en los años sesenta atrajeron a ella a la comunidad hippy—, Esauira nunca ha podido zafarse de la degradación de su economía.

Fundada en 1764 por el sultán Mohamed Ben Abdallah, que la convirtió en su base naval y en puerto de corsarios, a partir de finales del siglo xix Esauira se hundió en la decadencia económica. Postrada por una serie de desastres, entre ellos el enarenamiento de su bahía, que estranguló su actividad marítima, y la pérdida de su importante comunidad judía, emigrada a Israel y otros lugares tras la guerra de los Seis Días (1967), Esauira cayó en el olvido. Se empantanó en la nostalgia de un pasado ilustre, que sus habitantes me contaron con pelos y señales durante mi primera visita a la ciudad, en 1986: «Antiguamente nuestra ciudad fue muy conocida por los romanos, locos por su púrpura, el tinte ocre que se obtiene de las conchas. Para los portugueses, que la descubrieron en la Edad Media, fue la legendaria Mogador, nombre que algunos consideran como una deformación de Sidi Moqdul, el misterioso santo que protege la ciudad. En el siglo xix recibía a las caravanas que volvían cargadas de riquezas de Tombuctú, y era el centro de un comercio floreciente».

Todo ello es cierto, pero no impide que hasta los años noventa, y el ajuste estructural que aflojó la mordaza de un Estado policial, los *suiri* (habitantes de Esauira) no dieran el salto desde la nostalgia del pasado a un diálogo positivo sobre el futuro. Un renacimiento, una reapertura al mundo que en 1998 —y con bastante rapidez, dicho sea de paso— se materializó en la construcción de un aeropuerto. La esperanza de prosperar comunicándose con los extranjeros, sueño ancestral de los *suiri*, renació durante las jornadas de la Universidad Popular de 1996, adoptando la forma de un deseo moderno de comprometerse con la sociedad civil. Personalmente, comprendí que las desaforadas alabanzas de los artesanos y tenderos —que cada vez que me paraba a comprar una figurita o un bocadillo cantaban sin descanso los méritos de André Azoulay, «el único consejero de Su Majestad de confesión judía», y de Tayeb Sadiki, «el principal actor marroquí, el fundador del teatro moderno»— eran en realidad una manera de ensalzar el diálogo entre religiones y clases sociales, entendido como una apertura al futuro. En ese momento, dentro del reino, no todos estaban de acuerdo en la necesidad de dialogar y democratizar el país. Yo misma, en un salón de Casablanca, había oído tachar a Regraguia de impostora a un profesor de arte por el simple motivo de que consideraba que las mujeres de servicio analfabetas no tenían derecho a convertirse en pintoras.

«Si una tejedora se declarase enfermera, la detendrían enseguida por fraude. En la pintura hay que aplicar el mismo principio.» La noticia de que Regraguia, que había sido criada, se presentaba como pintora desde su primera exposición (en 1989, en la prestigiosa galería de Frédéric Damgaard, un danés muy conocido en el mercado artístico internacional desde su establecimiento en Esauira) enfurecía al profesor.

«A una analfabeta que se declara pintora hay que condenarla por estafa»

Las palabras del profesor me chocaron, pero le miré sin decir nada para no malgastar saliva. A pesar de todo, no conseguí disimular una sonrisa al darme cuenta de que tenía delante a un dinosaurio que sobrevivía en forma humana.

Cuando el dueño de la casa me preguntó por qué sonreía, contesté que es algo que hago con frecuencia, por la simple razón de que ninguna ley actual restringe mi derecho de ciudadana a enseñar las encías. El comentario no fue del agrado de mi interlocutor. «¡La democracia vuelve insoportables a las mujeres! —dijo—. Está usted desestabilizando el país, Fátima.»

Era de eso de lo que me reía internamente, rememorando la conversación, cuando Regraguia hizo acto de presencia en la Universidad Popular. Una proletaria como ella desestabilizaba el Marruecos de los dinosaurios más que una burguesa como yo. Con el peso y el reuma que, a pesar de mis diplomas y de mi dominio de las técnicas de la escritura, han acompañado mi carrera, me he vuelto un poco *musalima* (pacífica) y apática, mientras que Regraguia tenía mi edad, pero no reuma ni exceso ponderal, sino energía para regalar: «Las mujeres pobres, Fátima, hacemos gimnasia sin descanso».

«Antes de coger el pincel limpiaba pieles de cordero»

Para incitar a las mujeres de su condición social a cambiar de vida, Regraguia repetía a la prensa, sin descanso y con orgullo, que empezar como criada o lavando lana antes de coger el pincel no tiene nada de calamitoso: «Una mujer como yo, nacida en 1940 en Esauira, en una familia de padre pescador, no tenía más remedio que pasarse la vida lavando pieles de cordero en las aguas del Atlántico, incluso en la temporada de los vientos. Salía muy temprano hacia el mar con mi madre Mbraka y mi abuela Tahra. Después de limpiar y secar las pieles había que quitar la lana e hilarla. Luego se vendía a las mujeres que tejían *yellaba* o alfombras. De vez en cuando yo tejía una alfombra, pero solo para las necesidades de mi familia. Se tarda una barbaridad en hacer una alfombra, y la compensación siempre es ridícula. Ganaba más limitándome a tratar las pieles e hilar la lana». En su tiempo libre, la adolescente Regraguia soñaba con que apareciera un marido extranjero en el horizonte; y, como en los cuentos de Shahrazad, un príncipe extranjero desembarcó en Esauira y se la llevó a su país: «Soñaba con un marido que viniese de fuera y me llevara lejos, y mi sueño se cumplió. Mi primer marido era argelino. Me enamoré locamente de él. Trabajaba en un circo itinerante que de vez en cuando venía a Marruecos. Por eso pasó por Esauira. Pidió mi mano a mi padre, se casó conmigo y me llevó a Argelia, pero el destino me trató muy mal. Su familia me declaró la guerra. No querían saber nada de una mujer extranjera. Su clan quería que se casara con su prima. Resistimos siete años. Yo le quería mucho. Era un hombre dulce. Pero a los hombres dulces siempre los zarandean las tormentas. Un día mi marido cedió a la presión del clan. Me explicó que siempre me querría, me concedió el divorcio y me subió a un tren con destino a Uchda. Yo tenía veinte años. ¿Te imaginas el resto, Fátima?».

Regraguia, como Shahrazad, interrumpió pérfidamente la historia en el momento cumbre del suspense. En su famoso estudio, del tamaño de un pañuelo, al que me había invitado desde el primer día de la universidad, me sirvió más té. También quiso buscar dulces para mí, pero yo ardía en deseos de oír el resto de la historia y le supliqué que no se moviera hasta haber terminado de contarla. La retomó y fue directa al grano: sea cual sea tu situación, siempre puedes mejorarla si te aferras a tu sueño de felicidad.

«Si no te arrimas a ella, la felicidad nunca te encontrará»

Regraguia forma parte de esa clase de personas que por muy humildes que sean hacen milagros gracias a la confianza en su capacidad de remontar la adversidad. Mientras recuerda su pasado, mira sus cuadros, colgados en las paredes o apoyados en el suelo; cuadros de hombres y mujeres rodeados de pájaros y peces que nadan sin descanso hacia un benéfico horizonte.

«Pues eso, que a los veinte años volvía a estar en Esauira. Mi única posibilidad era hilar lana, pero estaba decidida a encontrar otra y me fui a buscar trabajo a Agadir, que queda a 170 kilómetros. Agadir estaba experimentando un boom turístico. Entré de cocinera en un hotel, donde viví una temporada de felicidad. ¿Sabes por qué era feliz, Fátima? Porque veía que los turistas alemanes estaban contentos.» Ver contenta a aquella gente llenaba a Regraguia de felicidad.

«Me decía a mí misma que en sus casas aquellos extranjeros tenían sus problemas, como yo y todos los seres humanos, pero lo que admiraba en ellos era que vinieran a las playas de Agadir a tumbarse en la arena con el firme propósito de olvidar sus problemas durante unos días. Fue lo que me maravilló durante el corto tiempo que pasé trabajando en el hotel. Contribuir a la felicidad de los clientes cocinando lo mejor que podía me daba la sensación de ser poderosa. ¿Te imaginas qué pasó después, Fátima? El terremoto de 1960. Qué locura, ¿eh? La tierra se tragó toda la ciudad menos algunos edificios, entre ellos el cine Salam, donde yo había ido a ver una película. Nada más salir de los escombros, me arreglé otra vez el *haik* en los hombros y volví a coger el autobús de Esauira, para volver a las pieles de cordero y la lana.»

Después del terremoto, en el que yo, personalmente, me habría muerto como una tonta, ahogada por el miedo, Regraguia se arregló el *haik* y, como una brújula, tomó la dirección indicada, la de la felicidad.

Según Regraguia —que se sabe de memoria todo el repertorio de las *aita*, las canciones tradicionales del Marruecos atlántico que celebran la alegría como un deber sagrado—, lo importante es mantenerse firmes en la búsqueda de la felicidad, aunque la desgracia llame a tu puerta. Es la dirección de tu mirada lo que influye en el destino de la barca, por muy bravas que sean las olas y las tormentas que la azotan. Regraguia tiene esa terca voluntad de ser feliz típica de las generaciones de antes de las vacunas, la penicilina, la aspirina y la televisión: la generación de los condenados de la tierra, destinados a no contar con nada más que con su propia energía in-

terior para generar la luz que despejará las tinieblas. Regraguia es todo lo contrario de los *bakauyin*, los quejicas y lloro-
nes que tanto abundan en Rabat, y que me ponen nerviosa re-
citando la lista de lo que va mal en el planeta. Escuchando a
Regraguia se descubre que a menudo nuestra cárcel nos la fa-
bricamos nosotros mismos.

«Tenía miedo de entrar en una galería, como los negros de América»

Con frecuencia se olvida que en Marruecos la división entre
las clases sociales es enorme. Hay sitios, como los bancos, las
galerías de arte y los hoteles de lujo, que las personas de origen humilde consideran prohibidos, como en los Estados
Unidos racistas de antes del movimiento por los derechos civiles de los años sesenta. «Tenía miedo de entrar en una galería de arte, amiga Fátima. Eso solo lo hacían las mujeres ricas,
las que vestían a la europea —me explicó el día en que volví a
su estudio por segunda vez—, pero desde niña había decidido hacer la guerra a *al-ihbat* (la frustración, el derrotismo).
Al-ihbat es un cáncer. Deberían enseñar a combatirlo por la
tele. Yo, si tuviera algún título, habría intentado descubrir
una vacuna contra el *ihbat*», concluyó. Luego abrió una gran
caja de plástico de la que sacó su *press-book* y sus fotografías
con personas famosas que habían pasado por su casa. Quería
enseñarme las pruebas de su éxito antes de seguir rememorando un pasado tan caótico como imprevisible.

Cada noche, volviendo con su madre y su abuela de una
jornada de trabajo en el mar, Regraguia pasaba por delante de
las galerías de arte que bordeaban las callecitas de la ciudad.

«Me fascinaban las galerías, pero solo tuve el valor de entrar en ellas en 1986, a los cuarenta y seis años. Lo que siempre soñaba era coger el pincel.»

A diferencia de muchos otros proletarios, que ni siquiera se atreven a tocar una hoja de papel o coger una pluma, Regraguia afirma que su contacto con ambas cosas casi rozaba la obsesión: «Siempre he dibujado mis sueños y al hombre que quería en el papel. Pero las galerías de arte eran un espacio reservado a los ricos con títulos y cuentas en el banco, los que tienen coche y carnet de conducir, y que hablan idiomas extranjeros. Pasé mil veces por delante, lanzando miradas furtivas a los cuadros de las paredes».

La verdad es que en los años setenta, con el paso de Jimi Hendrix por la ciudad y la invasión de la cultura hippy, muchos hombres de las clases populares se habían dedicado a la pintura llamada naif, pero el miedo de Regraguia era que le dijeran: «¡Eh, tú, mujer! ¿Adónde vas?». «Piensa que en Marruecos una persona de origen humilde solo tiene su orgullo. Me daba miedo oír esa frase.» Frase que recuerda las fronteras, y lo absurdo de una distribución injusta de los recursos.

Las mujeres de su barrio vieron su primera exposición como un triunfo.

«Mis vecinas ya no querían que limpiara»

Haciéndose pintora a los cuarenta y nueve años, un momento en el que muchas burguesas se sumen en la depresión de la menopausia, Regraguia despertó la ambición de otras mujeres de su condición social.

«Mis vecinas ya no querían que limpiara. Venían a lavarme la ropa y cocinar para que me dedicara a la pintura. Desde la exposición no paraban de decirme que había puesto muy alto el pabellón (*alam*) de las mujeres de Esauira.» Aparte de prestigio, la pintura le brindaba la posibilidad de expresarse: «Tenía la cabeza llena de sueños complicados, esperanzas y deseos, y pintar me permitía transmitirlos. Era fabuloso. Mis vecinas se dieron cuenta de que podrían haber hecho lo mismo. La solidaridad de las mujeres de mi barrio era digna de verse».

Pero el reconocimiento de otras mujeres no es muy espectacular en el plano político. La fama de Regraguia solo tuvo resonancia escrita cuando los jóvenes de las seis asociaciones decidieron interrumpir los trámites de desalojo. Había aparecido una nueva clase de hombre en el horizonte: el cívico que apoya a las mujeres.

Con la sociedad civil, Marruecos se convierte en una gran familia

La mayoría de los defensores de Regraguia eran maestros como Abdeltif Ido (*Delta li-l-masrah wa al-zaqafa*, Asociación Delta para el Teatro y la Cultura) y Nasiri Abderrahim (Asociación *Scala*), o profesores de instituto como Yusef Busan (*al-Isha al-zaqafi*, Asociación para la Difusión Cultural) y Sabri Hasan (Asociación Acción Cultural). Yusef Busan y Abdeltif Ido, como su precursor Tayeb Sadiki, creían firmemente en el teatro como medio para sensibilizar a la ciudadanía y reavivar la solidaridad dentro del grupo. El éxito en movilizar a los espectadores por el caso de Regraguia incrementó su confianza en su capacidad de cambiar el mundo. «Sin su estudio, Regraguia está condenada a ser nuevamente prisionera del espacio doméstico», repetían. La novedad estriba en que una mujer con dificultades ya no estaba sola ni marginada en una ciudad tradicionalmente sorda a sus peticiones. Entre el Marruecos de Chaibia y el de Regraguia, el panorama del mundo árabe había cambiado.

Si la soledad es el mayor problema de las ciudades modernas, los miembros de las asociaciones de Esauira veían a la sociedad civil como una posible solución. Pedidle a Regraguia, como yo, un resumen de lo que le han aportado esas asociaciones, y os dirá que pusieron fin a su soledad.

«Cuando volví a Esauira después del terremoto de Agadir, busqué trabajo de portera en los despachos de la administración, y ¿sabes qué querían los funcionarios encargados de contratar al personal? Aprovecharse de mí en vez de hacerme firmar un contrato. Yo era joven, con el pelo largo y negro, y por muchos velos que me echara encima siempre estaban molestándome. Cada noche levantaba las manos al cielo y rezaba a Dios: "No quiero ser prostituta, por favor, ábreme un camino inesperado, quiero un marido dulce a quien querer y adular, que me proteja de estos monstruos". En esa época estaba sola y desprotegida. Ahora está la asociación, y puedes ir a presentar una denuncia. Pero, volviendo a mi caso, Dios me salvó haciendo que conociera a mi segundo marido, pescador, como mi padre.»

Sin embargo, con la crisis económica, su segundo marido no ganaba bastante, y Regraguia se vio obligada a seguir trabajando. Durante años, Regraguia y su marido solo pudieron permitirse una habitación en una casa compartida por varios inquilinos. De ahí su decisión de alquilar un estudio cuando empezó a pintar. Lo que no sabía era que los cuadros cuestan más de vender que la lana, ya que hay que conocer los circuitos especializados que se encargan de ello; ignorancia que pagó muy caro, y que acabó conduciéndola ante el juez tras acumular cuatro años de alquileres retrasados e impagados. El milagro de la sociedad civil fue que, gracias a la publicidad organizada de las asociaciones, todos los artistas se identificaron con ella, y acudieron voluntariamente en su ayuda para sacarla de apuros. Músicos, cantantes y bailarines montaron espectáculos en todos los rincones de la ciudad. Los pintores ofrecieron sus cuadros en subasta.

La solidaridad restituye su dignidad a todos, tanto los que dan ayuda como los que la reciben. Las mujeres y los minusválidos dejaron de estar excluidos. Es lo que repetían todos por las calles de Esauira en 1996. De hecho, una de las seis asociaciones que ayudaron a Regraguia se dedicaba a los minusválidos, y la otra estaba dirigida por una persona enferma de escoliosis, Ali Zamharir, que no es otro que el hermanastro de Regraguia por parte de madre.

Pero hacedme el favor de no saltar a conclusiones prematuras como que la solidaridad de Zamharir con su hermanastra estaba relacionada con la solidaridad de clan, porque perderíais la oportunidad de entender el alcance revolucionario del boom cívico. Para los hombres marroquíes que se involucran en la dinámica asociativa, el futuro depende de que cambie el estatus de la mujer.

Ali Zamharir: «Para las mujeres y los minusválidos, la solución es la informática»

En 1996, aparte de las mujeres, los otros héroes de Esauira y su renacimiento económico eran los minusválidos. Las dos

ONG asociadas a la campaña en favor de Regraguia que guardaban relación con la minusvalía eran la Asociación para la Protección de los Niños Minusválidos, dirigida por el joven empresario Said Muduyi, y la Asociación Argania para la Cultura y el Desarrollo, dirigida por Ali Zamharir. Ali se hizo famoso en el barrio mucho antes que Regraguia, porque en vez de quejarse de su minusvalía decidió aprender informática e inglés.

«Aprender a manejar el ordenador es lo ideal tanto para las personas aquejadas de minusvalías como para las mujeres; dominar un ordenador exige menos esfuerzo físico que algunos oficios, y lo más importante es que se puede trabajar a domicilio», explica a todos los que visitan su asociación.

Recién titulado, Ali buscó unos cuantos ordenadores y empezó a organizar cursos de informática y costura moderna para mujeres en la sede de Argania. Para este hombre, casado y con dos hijos, «a las mujeres les pasa lo que a los minusválidos, que están impedidas en su capacidad de movimiento, aunque solo sea por verse confinadas al espacio doméstico cuando tienen hijos pequeños».

A juzgar por los éxitos de Argania, la teoría de Ali Zamharir —la que identifica a las mujeres como el público ideal de sus cursos de informática— debe de ser correcta. La asociación no solo ha sobrevivido, frente a las muchas ONG marroquíes que mueren recién nacidas por falta de profesionalidad, sino que ha logrado fortalecerse con la contratación de dos formadores.

«Desde pequeño entendí que siendo minusválido era mi madre quien mantenía lejos de mí a la muerte. Por eso educar a las mujeres es la mejor estrategia para que siga girando la Tierra y sigan creciendo los niños», explica Ali.

Cuál no fue mi sorpresa cuando Latif, un profesor que es también uno de los organizadores de Argania, añadió en apoyo del discurso de Ali sobre la relación entre las mujeres y el movimiento global: «En las regiones desérticas como Zagora y Figuig hay intelectuales que han entendido que sin las mujeres nunca conseguirán frenar la desertización y salvar la cultura amazig (bereber). Han vuelto a sus pueblos y aldeas de origen y han fundado asociaciones locales cuya meta es abolir la barrera entre los sexos para obtener la máxima concentración de energías».

Ya os podéis imaginar la impresión que me causaron las palabras de Latif. Le invité a tomar un té en el café más próximo, para refugiarnos del ruido de la exposición, e intenté sonsacarle el máximo de información desplegando un mapa de Marruecos que llevaba en el bolso. Él me habló de una asociación, la ADEDRA, y de un tal Zainabi, que intentaba evitar la emigración de los jóvenes de ambos sexos facilitando su acceso a internet («así viajan sin moverse de su sitio»).

A continuación, para darme una idea de lo que ocurre en Zagora, me sometió a un examen: me obligó a responder a la siguiente adivinanza, que al parecer está de moda en Zagora y Figuig: «¿Qué es un hombre poderoso?».

Yo, como buena cincuentona que pasó su infancia en un harén de la burguesía, estuve a punto de contestar que hombre poderoso es el que tiene más dinero, pero me contuve. ¡Tonta, que harás el ridículo! Ya no estás en el Marruecos de los harenes de papá. Prudentemente, y con una sonrisa muy humilde, pedí a Latif que me iluminara, y su respuesta fue la siguiente: «El más poderoso de los hombres es el que más se comunica».

Aunque me horrorice pagar cuando estoy sentada con un hombre en un café o un restaurante, y prefiera dejárselo a él

—reflejo de mujer arcaica educada en la Edad Media—, no vacilé en pagar la cuenta, porque tenía la impresión de estar en presencia de un extraterrestre. Latif se sitúa en otro Marruecos, un país donde la masculinidad se mide por el grado de civismo e intensidad en la atención y el intercambio. Adiós, Marruecos del pachá al-Glaui, donde un recién casado con ideas izquierdosas que quisiera pasearse por las calles de Marrakech con su mujer sin velo era arrestado por el *lobby* francés que orquestaba el teatro de la colonización, y encarcelado por ofensa a la religión. ¡Pensar que eso era en 1950!

¡Adiós, Marruecos del pachá al-Glaui!

Bachir Belabes, un joven abogado que luchó por la independencia de Marruecos —hoy diríamos que un militante de izquierdas—, tenía la costumbre de pasearse por las calles de Marrakech con su novia descubierta, algo que al jefe feudal que los franceses habían puesto al mando como «fachada» local no le cabía en la cabeza. El conflicto estalló en 1950, cuando Belabes decidió celebrar su matrimonio de una forma no tradicional: exhibiendo a su mujer en público en vez de atrincherarla tras los velos, como requería la costumbre. El pachá Zami al-Glaui (1878-1956) —puesto al mando de la ciudad por el general Noguès, representante de Francia en Marruecos, que gobernaba el país en nombre de la modernidad y del progreso— decidió prohibir un matrimonio de esas características y declararlo contrario al islam. En realidad, el «*lobby* francés» que lo manipulaba había decidido suprimir cualquier tentativa de adoptar comportamientos entre la población.

A los franceses les iba de perlas que los hombres colonizados siguieran velando a sus mujeres. Este incidente, recogido por Abd al-Karim Gallab (el más sofisticado de los historiadores marroquíes) en su libro *Tariq al-haraqa al-wataniya* (Historia del movimiento nacionalista), revela que hay veces en que «un simple acontecimiento más bien cómico puede sobrecargarse de significado político».[1] Gallab sostiene que el *lobby* francés eligió al pachá al-Glaui, uno de los cabecillas más feudales de la región, para enfurecer a Hizb al-Istiqlal, el partido de los nacionalistas, que pedía la independencia y estaba representado por el joven abogado Bachir Belabes.[2] Para el general francés, liberarse de la tradición era un atentado a su confiscación del país.[3]

Como vimos en el segundo capítulo, al hablar de Qasim Amin, la liberación de la mujer ocupaba el primer puesto en la agenda de los nacionalistas, pero que un hombre quisiera quitarle el velo a su mujer y adoptar un comportamiento moderno era algo que los franceses percibían como una amenaza contra sus intereses. Los marroquíes que aspiraban a la modernidad les preocupaban, debido al riesgo de que ocuparan su lugar, mientras que un al-Glaui, encastillado en su feudalidad, no constituía ningún peligro para su hegemonía. De ahí la extraordinaria importancia de la pequeña adivinanza del maestro de Esauira, Latif, sobre la definición del poder masculino.

En el Marrakech colonizado, la potencia de un marido, según al-Glaui y los intereses franceses de los que era garante, se medía por su capacidad de tomar distancias respecto a su mujer, y sobre todo de apartarla del espacio público secuestrándola en el espacio doméstico e imponiéndole el velo siempre que saliera a la calle.

Tened presente esta anécdota al seguirme por una parte de Marruecos donde hay intelectuales, como el joven Belabes de hace cincuenta años, decididos a modernizar el país. Han descubierto que gracias a las nuevas tecnologías informáticas la gran riqueza del futuro es el cerebro humano, y saben que para salvar las riquezas que contiene el desierto, en especial los yacimientos prehistóricos, la fauna y la flora, es necesario frenar la emigración de los jóvenes, así como educar a las mujeres y sacarlas de su aislamiento para que puedan participar en el poder. Un cerebro humano solo funciona plenamente cuando es soberano.

Y cuando la persona es soberana florecen hasta los desiertos, como en el caso de Zagora.

TERCERA PARTE

14

Cosmocívicos al ataque
o Zagora, paraíso de mujeres, gacelas y pájaros

El misterio del espejo del zoco de Agdz

Aquel espejo de forma tan extraña llamó mi atención en cuanto puse el pie en el zoco de la minúscula aldea de Agdz, encaramada a las cumbres del Alto Atlas, entre Uarzazat y Zagora. En el arte musulmán, la simetría es la regla, y a mí, desde la infancia, siempre me habían repetido que lo que no es simétrico es feo. Aquel espejo tan raro era asimétrico, pero no feo. ¿Qué artista se había atrevido a infringir la regla casi sagrada de la simetría? Pensé en la magia. Sí, solo un mago puede transgredir así una regla. Me fijé también en una *luha* (tablilla de madera) muy digna de atención, al lado del espejo, pero decidí dejarla para cuando hubiera desvelado el secreto de este último.

Había salido de Rabat una hermosa mañana de otoño del año 2000 para recorrer 528 kilómetros hasta Zagora. Decidí detenerme en el zoco de Agdz para comprobar lo que había oído en Esauira, y después en Marrakech, al empezar mis investigaciones sobre una nueva clase de intelectuales, los que, comprometidos con el civismo, volvían para combatir la emigración de los jóvenes incidiendo en su deber histórico: salvar el patrimonio cultural de los antepasados y proteger a las gacelas y los pájaros en peligro de extinción. Estos líderes cívicos predican que solo los jóvenes pueden salvar el acervo de las civilizaciones del desierto, empezando por el de los amazig, que corre especial peligro, concretamente la maravillosa arquitectura de los *qsur* (plural de *qsar*, «pueblo fortificado») y los yacimientos prehistóricos abandonados. Es muy cierto, por lo que respecta a los mejores yacimientos del arte prehistórico (que en Marruecos apareció hacia 3000 a.C.), que existen centenares de incisiones ocultas en los flancos del Alto Atlas o engullidas por la arena del desierto, especialmente en el valle del Dra y la región de Figuig.[1] No es menos cierto que entre todas las regiones de Marruecos las provincias que bordean el desierto son las más estancadas demográficamente, debido a la tendencia de la población a disminuir por una serie de razones, entre ellas la emigración.[2] Otro de mis datos era que 425 de las 30.000 asociaciones y organizaciones no gubernamentales activas en Marruecos se concentran en el valle del Dra, a las puertas del desierto. Una de ellas es la ADEDRA, dirigida por el misterioso Ahmed Zainabi, de quien había oído hablar en Esauira, y que ha obtenido resultados espectaculares porque él y su grupo persiguen una misión histórica: construir el futuro. Para frenar la emigración es necesario que los jóvenes oigan que no solo son indispensables, sino responsables. Cuando se sienten inútiles, emigran a Europa o caen en la violencia y el terrorismo.

Yo entendía bien estos discursos, y veía su lógica, pero no su articulación con la realidad. Fue el espejo misterioso el que, como en los cuentos de *Las mil y una noches*, me franqueó la entrada a ese territorio nuevo que es el desierto cívico. El espejo me permitió entender el lazo invisible que liga la creatividad de los artistas jóvenes de los zocos a la gran amenaza que sobrevuela la región: la desertización.

El espejo y la cerradura

El espejo (pequeño, aproximadamente del tamaño de la palma de una mano) destacaba entre varios objetos de factura artesanal, bien ordenados en el suelo, encima de una tela. Era rectangular, con un marco de metal cincelado y un grueso mango en el lado derecho. Detrás, justo en el centro, había un enorme agujero. ¡Qué curioso!, pensé antes de preguntar el precio. Los dos jóvenes estaban sentados en silencio en dos baúles de madera como los que usan los mercaderes de los zocos para las joyas de mayor valor. Tenían unos treinta años, y cuerpos atléticos bajo sus *gandura* azules. Como soplaba un poco de arena, uno de los dos se había hecho un velo con un borde de su *gandura* y lo usaba para taparse toda la cabeza y la cara a excepción de los ojos.

De repente el pañuelo que me había atado a la cabeza al modo marroquí antes de salir de Rabat, para protegerme del sol, me pareció ridículamente corto e inútil. Fue un detalle que me recordó instintivamente que la gente del desierto es más inteligente que la de ciudad, y que me convenía estar alerta. Es cierto que según Bakri —geógrafo andalusí que visitó el norte de África en el siglo XI— un hombre velado siempre fascina, pero cuando el primero de los dos vendedores, que —como no tardaría en averiguar— se llamaba Uberka, me dijo que el espejo costaba 500 dirhams (50 euros), el umbral de mi desconfianza subió tres grados.

—¿Qué pasa, que ha heredado el tesoro del sultán al-Mansur al-Dahabi? —pregunté, dejando rápidamente el objeto en la tela del suelo para fingir indiferencia. La referencia a los saadíes, la dinastía que ocupó Marruecos empezando por el valle del Dra, era una manera de demostrarles que aunque yo fuera a la vez mujer, de aspecto urbano y burguesa, distaba mucho de ser tonta, y no me tragaría cualquier precio.

El sultán al-Mansur al-Dahabi (1578-1603) es uno de los soberanos saadíes que gobernaron Marruecos entre los siglos XVI y XVII, justo antes de la actual dinastía reinante, los alauíes. El sultán al-Mansur enriqueció Marruecos asegurando el aprovisionamiento de oro de Europa gracias al control de las caravanas que lo llevaban a Tombuctú,[3] la capital del imperio de Malí.[4] Era tan rico que le apodaron al-Dahabi, literalmente «el que está cubierto de oro» (*dahab*).

Pero, volviendo a Agdz, lo que no preví fue que el hombre velado me haría morder el polvo en el duelo oratorio en el que me había aventurado, volviendo en mi contra el arcaísmo de mi alusión al oro del sultán.

—Este espejo es caro porque es una obra de arte (*qitat fann*) —contestó sin mirarme ni apartar la vista de la tablilla de madera que estaba puliendo; y con gran desprecio, mirándome esta vez a los ojos, añadió—: El auténtico tesoro de los reyes es la creatividad de sus artistas.

¡Ajá! Me tenía en su trampa. Cuando vas por Marruecos haciéndote la lista o el listo, te conviene mantener el ritmo.

—¿Está usted en condiciones de definirme qué es una obra de arte? —repliqué dulcemente al hombre del velo, para ahorrar energías (me había dado cuenta de que la sesión de compra sería agotadora).

—Este espejo está hecho con la cerradura de la puerta de un *qsar* (la ciudadela fortificada que vosotros, en el norte, llamáis casba) construido por nuestros antepasados. Ahora está cayendo en ruinas porque los jóvenes emigran en vez de tener el valor de inventarse un oficio in situ para salvarlo. El creador de esta obra de arte es mi amigo Lahsen Uberka, aquí presente —añadió el joven señalando a su compañero, que nos escuchaba sonriendo—. Esta cerradura era un objeto condenado a muerte, pero el artista le ha dado nueva vida transformándolo en espejo. Por eso mi amigo pide quinientos dirhams —concluyó Bannur, a quien vemos en la fotografía.

Intenté disimular mi asombro. La elocuente definición de arte hecha por el misterioso mercader me había desarmado hasta el punto de que ya no estaba en condiciones de urdir una nueva estrategia de regateo convincente, conque dejé el espejo en su lugar y fingí marcharme. Para mi sorpresa, ninguno de los dos jóvenes vendedores se movió. En los zocos de Rabat o Tánger me habrían impedido irme. Decididamente, estaba en un pueblo raro. La gente del sur era imprevisible. Me paseé por los tres puestos siguientes antes de volver al espejo, que evidentemente me obsesionaba. Esta vez, Uberka se levantó y me lo ofreció con educación.

—Me alegro de que aprecie mi trabajo. Quédeselo al precio que considere justo.

Uberka hablaba con dulzura. Comprendí que a pesar de su altísima estatura era un hombre tímido. Luego añadió:

—Mi amigo Bannur siempre me defiende porque en Marruecos la gente como yo no tiene derecho a reivindicar el título de artista. Como vendo debajo de un toldo, se me condena a la etiqueta de artesano, de persona que reproduce modelos tradicionales.

—El mismo producto, expuesto en un escaparate de Casablanca —intervino Bannur, sumándose a la conversación—, valdría diez veces más.

Total, que les pagué el espejo y decidí pasar a la *luha*. La tablilla de madera se parecía a la que había usado en la escuela coránica de mi niñez para aprender el alfabeto, con la diferencia de que estaba pintada. El precio debía de ser exorbitante, porque su condición de «obra de arte» saltaba a la vista. Como siempre, pobre de mí, me había arruinado prácticamente desde los primeros puestos del zoco, comprando tres enormes brazaletes de plata que tintineaban en mi muñeca.

El artista del zoco, su web y los idiomas extranjeros

—¿Qué artista ha pintado esta *luha*? —pregunté, levantándola del suelo y acariciándola con ternura.

—El artista soy yo —contestó sonriendo Bannur—. Aún es más cara que el espejo, y sé que no le queda dinero, porque se ha abalanzado sobre los brazaletes a la entrada del zoco.

Siguió un largo silencio. Decididamente, me leía el pensamiento. ¡Qué horror! Pero ya no podía desprenderme de la *luha*; seguía acariciándola con el firme propósito de encontrar una solución. Fue entonces cuando Bannur añadió una frase destinada a sacudir en sus cimientos el Marruecos con el que hasta entonces yo había convivido en bastante armonía:

—Puede mirarla por internet. No está obligada a comprarla.

Al principio creí haber oído mal. Miré a Bannur a los ojos y le hice repetir lo que me había dicho. En efecto, había oído bien: Bannur tenía una página web donde vendía su arte. Quedé anonadada por la revelación. «¡Fátima, hija mía, tu vida es un asco! —me dijo una voz interior—. Eres licenciada por la Sorbona y doctora en Estados Unidos, tienes dos ordenadores —uno fijo y uno portátil—, dos líneas telefónicas —una fija y una móvil—, y no tienes página web. Bannur, que probablemente no tenga ninguno de esos privilegios, se ha metido en internet para sobrevivir.» Entonces decidí modificar mi programa de viaje para entrevistar largo y tendido a ambos artistas antes de reanudar el camino a Zagora. En ese momento me informaron de que los dos eran de ahí, de Zagora, y de que volverían por la tarde. Podíamos quedar aquella misma noche en el pequeño local que usaban a la vez como taller y almacén, ya que se ganaban la vida por los zocos de la región.

Cuando pedí sus señas, Bannur hurgó en el gran baúl donde había estado sentado y sacó dos documentos. El primero era una tarjeta de visita hipersofisticada con su página web, la dirección y un plano. El segundo era un currículo muy profesional con las etapas de su vida en cronología ascendente, empezando por las actividades más recientes. Yo, que en el marco de mis actividades universitarias dirijo talleres sobre dinámicas de grupo, concretamente sobre cómo presentarse a un extranjero, estuve segura de que Bannur no había redactado el currículo por su cuenta.

—¡Qué maravilla de currículo! —dije—. ¿Quién le ha ayudado a hacerlo?

Fue entonces cuando el joven artista me reveló su participación en varios talleres de formación organizados por la

ADEDRA. ¡Conque las habladurías de Esauira eran ciertas! El misterioso Zainabi y su grupo llegaban hasta los zocos más pequeños. Mi decisión de no soltar a Bannur era más fuerte que nunca, pero me lo arrebató un grupo de turistas alemanes, y para mi estupefacción se puso a hacer maravillas con el alemán y el inglés. Me dije que estaba soñando. A mí me costó mucho aprender inglés, y nunca he conseguido hablar alemán, a pesar de un intento de tres meses en 1994. Pregunté a Uberka, tímidamente situado a espaldas de Bannur, dónde había aprendido su amigo tantos idiomas. Me esperaba otra sorpresa. Uberka dijo que en la otra punta del zoco había una tienda donde vendían los manuales que usaba Bannur, sobre todo *Al-inchliziya biduni mualim* (El inglés sin maestro). Le rogué que me orientara, y quedé con él para la noche. Mientras tanto los turistas alemanes empezaban a sentarse en los baúles, y Bannur se había olvidado por completo de mí.

El inglés sin maestro: un librito y una hora de televisión

El pabellón del librero era enorme, cosa nada sorprendente, ya que era otoño, la época en que muchos campesinos acuden al mercado a recoger los libros escolares de sus hijos. El librero estaba sentado detrás de un pequeño escritorio, con los libros ordenados por niveles, cuidadosamente separados en un bloque inferior y un bloque superior. La tercera categoría de libros, no escolares, era considerable, como de costumbre, pero ese día lo que me pareció insólito fue la gran cantidad de manuales para aprender idiomas extranjeros. Desde los años ochenta, cuando Arabia Saudí puso en marcha su enorme maquinaria de propaganda extremista, la literatura que invade los zocos marroquíes (por no decir los de Lahore, en Pakistán, o de Penang, en Malasia, que visité en 1987)[5] suele ser la wahabí, obsesivamente preocupada por barbas y velos. Esa mañana del año 2000, los fondos de almacén de la propaganda saudí seguían en su sitio, pero parecían haber perdido la hegemonía.

El problema de la literatura fabricada a golpe de talonario por los saudíes es que va dirigida a un joven musulmán cuyo problema existencial se supone que no es «ser o no ser», sino «afeitarse o no afeitarse». Esa mañana, en Agdz, la cantidad de pequeños manuales llenos de preguntas sobre la pilosidad (del tipo *La prohibición de afeitarse la barba*), llegados directamente de Riad, de la librería del rey Fahd, seguía siendo alta.

Sin embargo, saltaba a la vista que en esos momentos la necesidad más apremiante de los jóvenes de Agdz no estaba relacionada ni con la barba ni con el velo, sino con el dominio de los idiomas extranjeros, y me morí de ganas de preguntar al librero por la fecha exacta en que la juventud había manifestado aquel ansia idiomática. ¿Qué había desencadenado su interés por los idiomas? ¿La aparición de las primeras parabólicas en los tejados, en 1991 (primera guerra del Golfo y creación de la primera cadena por satélite árabe, la MCB, financiada con dinero saudí)? ¿O el adelgazamiento del Estado a mediados de los años noventa —con mención especial a la privatización de Maroc Télécom—, la apertura de los primeros cibercafés y el boom de la sociedad civil? Como no podía importunar al pobre librero (cuyo nombre es Si Brahim) con preguntas de ese tipo sin haberme convertido en su cliente, empecé por comprar un fajo de manuales *El inglés sin maestro*, y luego le dije que estaba muy cansada. Él, compadecido, me invitó a ocupar una silla de plástico. Expresé mi temor de que se hundiera bajo mi peso, y le dije que prefería el baúl de madera que había en un rincón de la tienda. Él sonrió, se levantó y movió el baúl a fin de que pudiera sentarme frente a él. Fue en ese momento cuando pedí su opinión sobre los manuales que acababa de comprarle. Me contestó que no podía aconsejarme porque nunca los había usado personalmente.

—Hago mis pinitos de francés —reconoció—, pero es a lo máximo que llego. Si estuviera aquí mi hijo podría ayudarla, porque los ha usado mucho.

Finalmente, cuando tuve la oportunidad de preguntarle por la fecha en que se habían puesto de moda los manuales en los zocos de la región, Si Brahim reflexionó y contestó que a la gente le había abierto los ojos la parabólica. Según él, la parabólica ha facilitado el aprendizaje de las lenguas porque pasarse una hora oyendo hablar en inglés o español por las decenas de canales de televisión a los que tiene acceso gratuito cualquier joven ha democratizado el acceso al saber, que antes era monopolio de los hijos de los ricos de ciudad.

Al recorrer el centenar de kilómetros que quedaba para Zagora, no pude evitar quedar impresionada por la abundancia de antenas parabólicas que brillaban como joyas en las azoteas de las casitas de barro agarradas a los flancos de las últimas laderas del Antiatlas, que en ese punto se abre bruscamente al desierto. Nada más dejar el equipaje en el hotel, y recuperar mis fuerzas con un atracón de dátiles locales, releí con atención el currículo de Bannur y, tal como habíamos quedado, fui a su taller. Bannur nació en 1969 en Zagora, donde cursó estudios primarios y secundarios. Dice ser autodidacta (*isami*) en lo referente a la pintura, que solo empezó a practicar a los veintiún años, es decir, después de 1990. ¿Qué pasó ese año? Otro detalle intrigante de su currículo es que justo esos días estaba celebrando una exposición en el hotel Salam, uno de los más exclusivos de la ciudad. Entonces, ¿qué diantre hacía en un zoco? ¡En su lugar, si mis obras estuvieran expuestas en un sitio así, me habría puesto mis mejores galas y me habría paseado por los frondosos jardines del hotel Salam para cortejar a los adinerados turistas que se alojan en él! Una vez en el taller de Uberka y Bannur, tras escuchar atentamente a mis dos interlocutores (entre sorbo y sorbo de las dosis minúsculas de té que me servían con parsimonia en un enorme vaso), el misterio del sur empezó a disiparse. Aparecieron dos palabras clave, estratégicas: *tawasul*, «comunicación», e *ijtilaf*, «diversidad».

Para la juventud del desierto, comunicarse es sobrevivir. Con el satélite y los turistas ya no tiene sentido emigrar

Lo primero que pensé al pisar el minúsculo taller de Uberka y Bannur fue que debía evitar a toda costa sentarme en los tres pequeños taburetes de madera recuperados de los *qsar* en ruinas, porque corría el riesgo de romper unas piezas con varios siglos de antigüedad. Evidentemente habían sido concebidos para nativos del desierto, gente que come poco y mantiene toda la vida esa silueta aérea que llamó la atención de al-Bakri, el famoso historiador y geógrafo nacido en la España musulmana del siglo XI.[6]

Como no quería que la entrevista empezase con una escena cómica a mi costa, quedé en sentarme en un baúl, a causa de mi pujante peso. Cuando los dos artistas me oyeron añadir *Tharkallah* (con la bendición de Dios) para evitar el mal de ojo, se echaron a reír. La primera pregunta estaba cantada: ¿qué pasó en los años noventa para que Bannur diera el paso de emprender una carrera artística? ¿La aparición de la parabólica o el hecho de que las ONG como ADEDRA, mencionada en su currículo, hubieran empezado a organizar cursos de formación a medida para los jóvenes que buscaban trabajo, como él? ¿La afluencia de turistas o la aparición de los cibercafés y el acceso a la red? La segunda pregunta versó sobre el motivo de haber preferido un espacio tradicional como el zoco en un día en que podría haber tenido acceso a otro eminentemente moderno como un gran hotel de lujo.

Tras largos debates entre ellos —una tradición del sur—, los dos jóvenes artistas llegaron a la misma conclusión: lo que les había salvado de la desorientación era la combinación del satélite con la acción cívica. La parabólica les había permitido conectar con centenares de cadenas por satélite, pero no había despejado el alto riesgo de dispersión y confusión. Solo la insistencia de las ONG en el deber cívico de la juventud de luchar contra la desertización para salvar los yacimientos prehistóricos, la fauna y la flora en peligro les había ayudado a concentrarse en el proyecto comunitario local. Para asegurarse de que la feliz coincidencia entre satélite y dinámica cívica hubiera encontrado en mí la comprensión debida, Bannur resumió así los puntos clave de nuestra charla:

«Como artista plástico (*tashkili*) principiante que vive en las periferias marginalizadas, me he beneficiado enormemente de la parabólica, porque ha eliminado la enorme distancia que me separaba del espacio artístico y cultural. Antes de la parabólica no tenía acceso a ninguna institución cultural, ni a

LA FASCINACIÓN DE LOS HOMBRES CON VELO

Al-Bakri en el siglo XI

«En todas las tribus del desierto se lleva constantemente el *niqab* (velo que tapa la frente) por debajo del *lizam* (velo que cubre la parte inferior de la cara), con el resultado de que solo se ve la órbita de los ojos; este velo no se quita nunca, en ninguna circunstancia; el hombre que se lo quitase sería irreconocible para sus amigos y su familia. Si uno de sus guerreros muere en la batalla y se le desprende el velo, nadie puede decir quién es hasta que esa parte de su atuendo sea devuelta a su lugar. El velo es algo que jamás abandonan, menos todavía que la propia piel.»

Abu Ubaid al-Bakri, «Kitab al-maguib fi dikr bilad Ifrikiya wa al-Magrib», en *Al-masalik wa al-mamalik*, p. 180. Según uno de los libreros mejor informados del norte de África, M. Alami (Librairie Dar al-Fikr, Rabat, teléfono 00212 37 72 55 99), recientemente apareció una versión comentada del manuscrito árabe completo, publicada por la editorial Bait al-hikma, Cartago, Túnez, 1992.

León Africano, en el siglo XVI

«… llevan en la cabeza, como ya escribí, una tira negra con una parte de la cual se cubren la cara, escondiéndola toda salvo los ojos, y solo se la descubren para comer en tanto dura el tiempo del bocado, para tomar el cual se destapan la boca, tornando enseguida a tapársela. Explican ellos esta costumbre argumentando que tan vergonzoso es para el hombre expeler los alimentos como meterlos en el cuerpo.»

Juan León Africano, *Descripción general del África*, Lunwerg, Barcelona, 1995, p. 71.

galerías de arte. Fue la televisión la que me permitió acceder al mundo del arte y la cultura. Gracias a la parabólica, no solo podía visitar las exposiciones de arte figurativo, sino algo más importante: conocer a artistas y creadores tanto en el campo de la pintura como en los de la escritura, la poesía, el teatro o la música. Este acceso es lo que me dio fuerzas, y lo que sacó a flote la confianza en mi fuerza creadora personal».

Sin embargo, la misma parabólica que ha roto el aislamiento de la juventud del desierto, abriéndola a la comunicación (*al-tawasul*) con el planeta a través de los cientos de cadenas de televisión por satélite disponibles, también ha introducido algo peligrosísimo para una sociedad acostumbrada a dar la primacía al grupo y al consenso: la opinión individual. Al mismo tiempo, ha introducido en las familias la diversidad (*al-ijtilaf*) de gustos y preferencias individuales. Bannur resume muy bien el modo en que todo ello divide tontamente a las familias de Zagora: «Uno de los peligros de la parabólica es que en mi caso, por ejemplo, sigo viviendo con mis padres, mis hermanos y mi hermana, y cada uno tiene su *fadaiya* (televisión por satélite) y sus programas preferidos. Estas divergencias de gusto dan pie a malentendidos familiares».

Todo ello cuando, según él, lo más necesario para la Zagora de los años noventa —catapultada de improviso a la modernidad por las nuevas tecnologías digitales— no eran elementos que acentuaran las disensiones en el seno de la comunidad, sino todo lo contrario: agentes que dinamizasen la solidaridad de grupo. Si la *yamaa* tradicional (el consejo de la tribu) se apoyaba en la solidaridad de grupo y el consenso, los intelectuales que habían vuelto a su lugar de origen como actores de la moderna sociedad civil ayudaron a Zagora a inte-

grar el individualismo y a gestionar una novedad: la diversidad. Es lo que explica el éxito de asociaciones como ADEDRA,
en las que nuevos líderes como Zainabi demuestran que al poder se accede escuchando a los demás, no dándoles órdenes.
Algo obviamente desconocido para mí, que vivo en Rabat,
uno de los grandes baluartes de la burocracia en el Atlántico.

Tras dormir una noche bajo el cielo seco y estrellado del
oasis de Zagora (un lujo infrecuente en Rabat, donde la calina
del océano esconde las galaxias y despierta los dolores reu-
máticos), me sentí en forma, dispuesta a investigar los domi-
nios de la ADEDRA y localizar a esta nueva raza de héroes del
desierto: los cosmocívicos, antítesis de los cosmócratas, que
prefieren acumular dólares estadounidenses gracias a un cargo de consultor del Banco Mundial en Washington.

15

Zagora seducida por los «cosmocívicos» Líderes que saben escuchar

Tras varios encuentros con Zainabi, he entendido que es precisamente su atención a los jóvenes lo que le permite dar confianza a personas como Uberka y Bannur, emperradas en inventarse un oficio en su lugar de origen en vez de pensar en soluciones extremas como la de emigrar a continentes tan remotos como Australia, algo que ha sorprendido hasta a los expertos, como el sociólogo Mohamed Guesus: «Me sorprende oír que en este momento hay más de 35.000 inmigrantes marroquíes en Australia y 70.000 en Estados Unidos».[1] Yo esta tendencia de los jóvenes a huir a donde sea, incluso más allá del tradicional horizonte mediterráneo, para solucionar sus problemas de inactividad la interpreto como una señal de desazón y soledad extremas.

Siempre que conoce a alguien, después de los *salamalek* (saludos) de rigor, Zainabi se apresura a sentarse frente a él y mirarle en silencio. Nada de discursos ni de palabrería. Os aseguro que para alguien que viene de Rabat, como yo, y está acostumbrado a oír vomitar monólogos interminables a los burócratas, verse enfrentado al silencio atento de Zainabi es todo un acontecimiento. Cuando me recibió en su despacho, en un humilde edificio de la calle Mohamed, parecía frágil a fuerza de modestia, y eso que es un hombre alto. ¡Pensar que a los treinta y nueve años, gracias a su asociación, había logrado crear ni más ni menos que noventa y dos puestos de trabajo! «Nuestro equipo no confecciona soluciones a medida para imponerlas a la ciudadanía. Nuestro trabajo consiste en escuchar atentamente las necesidades que expresa esta última. Escuchar fomenta la diversidad.» En eso, en escuchar, está la explicación de la increíble variedad de actividades emprendidas por los jóvenes, sobre todo los del valle del Dra, como el atletismo, en el caso de Nezha, o el tejido de alfombras ecológicas, en el de Mayida. Estimular a los jóvenes y las mujeres a expresarse y tomar iniciativas es algo que no existía en la famosa «democracia bereber», la cual excluía a los jóvenes, las mujeres y las minorías como la judía.

Por eso los líderes «cívicos» están tan decididos a hacer que todos participen en las decisiones, a fin de fomentar la iniciativa individual, única posibilidad de aprovechar las oportunidades ofrecidas por internet, entendido como instrumento de autoaprendizaje. La participación de las bases y la iniciativa individual son lo que explica el éxito espectacular de las ONG: «Dentro del objetivo de subsanar la baja escolarización registrada en Zagora a nivel provincial (51 por ciento) [...] la intervención de las asociaciones en los últimos tres años ha permitido la construcción y equipamiento de diez colegios, la apertura de veinte centros de educación informal, la dotación de material didáctico para veintinueve colegios y la creación del espacio verde de quince escuelas elementales».[2] El éxito de las iniciativas cívicas es lo que da credibilidad a la estrategia de la ADEDRA. Para aceptar el enorme desafío de la desertización hay que situarse en una *yamaa* cívica donde la solidaridad de grupo ya no asfixie al individuo.

Para gestionar lo universal hay que asentarse en lo cívico

¿Conoció la civilización bereber la democracia, o es una pre-rrogativa de Occidente? Este debate, que nació entre los antropólogos e historiadores occidentales durante la colonización (Francia ocupó Marruecos entre 1912 y 1956), fue retomada posteriormente por los marroquíes, pero la aportación más esclarecedora es la del historiador Abdallah Larui cuando nos recuerda, en el análisis contenido en sus ensayos «La tribu» y «Poderes locales»,³ que el equívoco deriva del hecho de que algunos confunden el voto con la democracia. No obstante, como bien señala Larui, el criterio del voto —factor básico que hace que «la ley pueda nacer de la voluntad de un grupo», lo cual existe en la *yamaa* bereber y le otorga su carácter laico— no basta por sí solo. El siguiente documento ratifica la reunión de la *yamaa* del pueblo de Tirigiwt, en el valle del Dades, próximo al del Dra. En el texto, la *yamaa* —que delibera como institución normativa, y se da sus propias leyes (laicidad)— establece los deberes de cada miembro de la tribu a fin de garantizar el mantenimiento colectivo de la muralla.

«La *yamaa* de los habitantes de Tirigiwt ha convenido, por lo que respecta a la muralla construida por los miembros de la tribu, y en virtud del acuerdo concluido entre los mismos, que todos se comprometan a defender del agua y otros factores nocivos la parte situada frente a su domicilio. Aquel cuya negligencia cause la destrucción de la parte que le corresponde recibirá la ayuda de los miembros de la tribu hasta la altura de cuatro *alwah*. Así se han expresado en su lengua, y nosotros, Lahsen ben Mohamed Arab, a quien Dios ayude, amén, lo hemos puesto por escrito en la fecha del mes de Rabi del año 1180 de la Hégira (1766 de la era cristiana).»[4]

Sin embargo, que el grupo vote a su representante en la *yamaa*, la cual, a su vez, promulgará leyes aplicables al conjunto de la comunidad, no es criterio suficiente para hablar de democracia en el sentido moderno. También es necesario que todos puedan participar en el voto, condición que no se da en el caso de la *yamaa* bereber, donde solo votaban los hombres adultos del grupo dominante. Los jóvenes, las mujeres y las minorías estaban excluidos: «En la sociedad tradicional no todos tienen derecho a participar. Los judíos, los extranjeros, las mujeres y los jóvenes quedan excluidos de la *yamaa* bereber, porque la participación no es un derecho ligado al individuo sino a la pertenencia a la tribu».[5]

Larui resume la situación concluyendo que «la república cantonal bereber no implica ni libertad individual ni igualdad».[6] Si comprendemos que en nuestra tradición —tanto de origen árabe como de origen bereber— la elección de los poderes locales no tomaba en cuenta a los jóvenes, a las mujeres ni a las minorías, podremos saborear el impacto eminentemente subversivo de los actores cívicos, que ensalzan la iniciativa individual. Para comunicarse a escala universal, ahora que Zagora está conectada al satélite y a internet, es necesario que los sueños de los jóvenes y las mujeres no solo puedan expresarse libremente, sino cumplirse, y basta pasear como turista consciente por las calles de Zagora para darse cuenta, por los carteles de las tiendas pequeñas, que hay muchos que consiguen realizar sus sueños, hasta los que parecen menos realistas, como el de Nezha Achdar, que quería ser campeona de maratón, o el de Mayida, que pretendía fomentar el tejido de alfombras ecológicas.

El profesor Lekbir Uhayu: un héroe que tranquiliza a los jóvenes

«La situación del valle es trágica. Solo se podrá salvar si los campesinos acceden al saber.» Es la fórmula que repite uno de los pilares de la ADEDRA, Lekbir Uhayu, profesor de la Universidad de Agadir, a quienes participan en sus seminarios, durante los que el alumno se familiariza con la elaboración de estrategias colectivas y la resolución de conflictos. Como en el caso de Zainabi, en cuanto Uhayu —nacido en 1954 en Tasauma, cerca de Uarzazat, donde su padre era *jammas*, campesino sin tierra— se doctoró en geografía en Francia decidió volver como actor cívico. En 1986 entró de profesor en la Universidad de Agadir. En 1996, la publicación de su libro *Espacio hidráulico y sociedad en Marruecos: el caso del sistema de irrigación en el valle del Dra* contribuyó a alertar a la opinión internacional sobre los peligros ecológicos de la región. En 2002, Naciones Unidas le nombró coordinador de la delegación regional de Agenda 21 (PNUD). Lekbir Uhayu colabora constantemente con Zainabi en la producción de artículos y ensayos que resumen el estado del valle, de un modo aproximado al que podréis leer a continuación.

RESUMEN DE LA SITUACIÓN EN EL VALLE:
RIESGOS, DESEQUILIBRIOS Y ESPERANZAS

«Situado en el sudeste marroquí, entre las cadenas montañosas del Sagro al norte y del Bani al sur, la cuenca del Dra Medio se extiende por una zona de vocación pastoril caracterizada por la aridez del clima (80 mm) y la pobreza del manto vegetal. La región está atravesada por el uadi Dra, alrededor del cual se ha instalado una población sedentaria cuyo número se aproxima a los 300.000 habitantes, repartidos por más de quinientas aglomeraciones urbanas, mientras las grandes extensiones adyacentes se dividen entre numerosas tribus nómadas y seminómadas.»[7]

Pero además de la sequedad, la escasez de vegetación y lo disperso de la población, el valle, que se extiende por 200 kilómetros de longitud y cubre una superficie de 23.000 kilómetros cuadrados, sufre la negligencia de la administración central, que invierte muy poco en ella. «El crecimiento demográfico, agravado por la pobreza de las inversiones y la falta de recursos al margen del turismo y la agricultura de subsistencia, ha llevado a una constante presión sobre los recursos naturales, y por consiguiente a una sobreexplotación que se ha convertido en una amenaza para el equilibrio ecológico.» Por lo tanto, si el ser humano, único recurso capaz de proteger a los demás (agua, aves, plantas), no se moviliza, todo estará condenado a la degradación. «Actualmente, el desarrollo del mundo rural en su conjunto supera las capacidades del Estado. Es necesaria la participación de todos los componentes de la sociedad civil en el desarrollo, pero es algo que debería producirse dentro de un marco bien definido y coordinado.» Este marco, definido por los actores cívicos, es la democratización de las decisiones, sea dentro de la familia o en el espacio público, dentro de la *yamaa*.

Nezha, que ha visto cumplido uno de sus dos sueños

 Mi reacción a un cartel escondido en una de las callejuelas del barrio popular de Zagora que ofrecía desarrollo muscular y aerobic «para mujeres» fue instantánea. Durante mi primer viaje a la ciudad ya me detuve a releerlo y cerciorarme de que no soñaba: «Asociación Sidi Daud de Desarrollo Muscular y Aerobic para Mujeres». El mensaje estaba escrito en francés y en árabe. El mismo cartel, escrito únicamente en francés y colgado en el barrio de los hoteles de lujo, no habría tenido nada de raro. Habría costado muy poco imaginar que la clientela a la que se dirigía estaría compuesta por turistas europeas. Si el mensaje se salía de la normalidad, es porque se dirigía en árabe a las mujeres de un barrio popular, invitándolas a muscular sus cuerpos. En nuestra tradición, las mujeres pueden ir al *hammam* para ponerse guapas, limpiarse la piel o hacerse masajes, pero desarrollar la musculatura es decididamente una novedad llegada de Occidente. En Casablanca y Rabat los gimnasios de aerobic forman parte de los consumos de lujo de la burguesía urbana, pero ¿a quién se le ocurriría ofrecer este deporte a las mujeres de Zagora? ¿Quién estaba detrás de esta iniciativa subversiva? En 2000, como tenía el tiempo contado, no pude investigarlo. Tuve que esperar a abril de 2002, y al anuncio a media página de una primicia en la historia de Zagora: una joven de la ciudad acababa de ganar una carrera.

A los veinticuatro años, Nezha Achdar había salido vencedora en la decimoséptima Maratón de las Arenas, una de las carreras más duras del mundo, que cubre una distancia de doscientos treinta kilómetros. Era la primera vez que una marroquí ganaba una carrera de ese tipo, dominada hasta entonces por extranjeras, sobre todo italianas, entre ellas una tal Rosanna Pellizzari, antigua obrera de Verona.[8] Como me habían invitado a dirigir un taller de escritura para la ADEDRA, recorté los artículos de prensa y al llegar a Zagora no me costó nada encontrar un taxi que me llevase a casa de la campeona, porque se había vuelto famosa. Pero ¡cuál no sería mi sorpresa cuando el taxi frenó ante la Asociación Sidi Daud de Desarrollo Muscular para Mujeres! Sin dar crédito a mis ojos, pedí al taxista que me esperara hasta que hubiera llamado a la puerta y me hubiera asegurado de que no era un error. Cuando se abrió la puerta, apareció Nezha Achdar en persona y me confirmó que la dirección era la indicada. La corredora no era otra que la atrevida profesora de gimnasia para mujeres. Obviamente, dirigí mis preguntas a averiguar de dónde sacaba una chica como ella la audacia inaudita de inventarse una nueva identidad y crear nuevos roles en una ciudad que sigue siendo muy tradicional, como Zagora, y recibí como respuesta que la sociedad civil había cambiado la visión de los hombres sobre sus hermanas: «Mis hermanos me animaban a ganar carreras porque era una manera de contribuir a mejorar la imagen del valle».

Nezha Achdar tenía la suerte de haber nacido en Zagora en 1978, en una familia de hijos exclusivamente varones; era la quinta de siete hermanos, y ya se sabe que en esa clase de familias los hermanos tratan a su hermanita como una princesa, cosa que ocurrió en el caso de Nezha. Fue eximida de las tareas domésticas, y la mandaron al colegio. Así llegó hasta el primer curso de universidad. Como sus hermanos Lhusin y Brahim (amigos del corredor Lahsen Ahansal) eran grandes aficionados al atletismo, Nezha los convenció de que le abrieran las puertas de su grupo. En el año 2000, tras descubrir su pasión por el deporte, abandonó la universidad y abrió el gimnasio de desarrollo muscular y aerobic para mujeres. Desgraciadamente, el proyecto no tuvo viabilidad económica, o en todo caso no bastó para garantizarle un sueldo. Lejos de desanimarse, Nezha se inscribió en un curso de informática para ver si podía encontrar un trabajo de secretaria que le diera más dinero y le permitiera seguir pagando el alquiler del gimnasio de aerobic. Esta vez fue su hermano Mustafa, chófer en la ADEDRA, quien la ayudó a pagarse el curso. Ya más tranquila sobre su porvenir, y sobre el hecho de que en última instancia podía combinar sus dos carreras (el gimnasio y el trabajo de secretaria), Nezha se metió a fondo en el atletismo y ganó la maratón de abril de 2002 con la ayuda de un patrocinador (Sofia Alami, de la Kana Production de Casablanca).

A una mujer de mi edad, nacida en un harén de Fez, oír a Nezha contando la movilización de sus hermanos para ayudarla a entrenarse le da la impresión de estar viviendo en una nueva galaxia marroquí, donde el civismo está transformando profundamente las identidades culturales y las visiones del mundo. Lo más probable es que aún tardemos algunas décadas en entender a fondo la amplitud de la transformación que ha introducido en Marruecos la sociedad civil desde principios de los años noventa, sobre todo la posibilidad que ha brindado a los hombres de reinventarse como colaboradores de las mujeres: socios que miran en la misma dirección, hacia un magnífico proyecto cósmico. En ese Marruecos, los crímenes de honor que por desgracia todavía existen en algunos países árabes —los mismos cuyos dirigentes aún vacilan en comprometerse con la democracia y la ética cívica— son inconcebibles. Según una encuesta de la revista egipcia *Al-ah-ram al-arabi*, los lugares donde no existe la sociedad civil son los únicos donde los jóvenes dedican su tiempo a actividades tan arcaicas como inútiles como espiar a su hermana o impedir a su mujer que se inscriba en cursos nocturnos.[9]

Si se cree que el desierto está vacío, estará permitido tirar sacos de plástico

Lahsen Ahansal, que fue pastor antes de dedicarse al atletismo y medirse con candidatos de todo el mundo (sobre todo Italia, España y Francia) para participar en la Maratón de las Arenas, sorprendió a los organizadores porque no se conformó con ganar una vez, sino que tras alzarse vencedor de la edición de 1997 se las ingenió para hacer lo mismo en 1999, 2000 y 2001. A todos los que le rodeaban, con especial mención a Nezha y sus hermanos, les repetía que correr era como vivir, «una cuestión de motivación y disciplina».

Eso es muy fácil de decir, pero yo quería saber de dónde salen la motivación y la disciplina. ¡A mí siempre me ha encantado el atletismo, pero nunca se me ha ocurrido ganar carreras! ¿Por qué Lahsen y Nezha habían tenido esa idea, y yo no? El día en que logré reunirlos a todos en casa de Nezha, su madre, que tiene mi edad, se echó a reír al oír mi pregunta, y tras servir rápidamente té perfumado para todos se sentó a mi lado para oír la respuesta. Respuesta consistente en que tanto para Lahsen como para Nezha es importante que los turistas que vienen a organizar eventos en el desierto comprendan que no es un espacio vacío. Me explicaron que antiguamente la propia Maratón de las Arenas siempre la habían organizado extranjeros. La juventud local solo existía como criados que plantaban las tiendas y servían la comida. Nunca eran anfitriones ni participantes. Fue lo que cambió cuando surgieron campeones locales. Los turistas empezaron a darse cuenta de que el desierto no es un espacio vacío, sino un territorio poblado de personas con sueños, aspiraciones y estrategias de felicidad. Los muchachos que estaban discutiendo sobre percepciones y sensibilidades alrededor de un vaso de té me explicaron que no entienden por extranjeros solo a los europeos, sino a la gente de Casablanca o de Rabat que va de vacaciones a Zagora y actúa como si no existiera la juventud de la ciudad. Todos llegaron a la conclusión de que lo más extraordinario de los últimos años es la emergencia de la sociedad civil y el nacimiento de asociaciones que fomentan la comunicación entre extranjeros y locales. Crear puentes entre los turistas y los habitantes, intensificar el diálogo y convertir el viaje en una verdadera peregrinación donde el descubrimiento de uno mismo coincida con el del otro: he ahí los principios de la Caravana Cívica que partió de Marrakech (véase el siguiente capítulo). Uno de los inspiradores de la caravana es justamente Mustafa Buchrad, natural de Figuig, una de las ciudades más marginadas del desierto más marginado.

Antes de unirnos a la Caravana Cívica, solo me gustaría decir que los futuros visitantes no deberían vacilar jamás en mostrar su curiosidad por algo insólito. Aquí, como suele ser propio de las sociedades en transformación, la gente se inventa a sí misma cada día y encuentra soluciones inéditas a sus problemas. Es el caso, por ejemplo, de la «alfombra ecológica» de Mayida Chadid.

La primera vez que vi la exposición de alfombras hechas bajo la égida de las formadoras de la ADEDRA, con el objetivo de ayudar a las amas de casa a ganar dinero, tardé un poco en entender que se trataba de ecoalfombras. En lo único que me fijé fue en los colores demasiado brillantes, diferentes de los de la lana. Entonces Mayida (véase el apéndice, p. 223) me explicó que su proyecto ayuda a las mujeres que no pueden permitirse comprar lana a reciclar las fibras de los sacos de plástico, que se usan mucho en el país para transportar grano. «Así se sensibiliza a la gente para que recicle los sacos en vez de tirarlos en los espacios naturales.» Obviamente, Mayida no se hace ilusiones sobre el alcance de su proyecto; sabe que es muy limitado, pero al menos es un intento de explicar a todo el mundo que los sacos constituyen un peligro para el medio ambiente. «El día en que todos estemos informados del problema —concluyen Mayida y Hada con el optimismo de unas personas que acaban de descubrir su propia fuerza y la magia de la iniciativa individual—, la solución no estará lejos.»

Los jóvenes de Zagora insisten en que el simple hecho de poder expresar sus temores sobre el medio ambiente ya crea lazos muy fuertes, no solo con la familia y los vecinos, sino con los turistas que vienen de lejos. Estos últimos entienden enseguida que tirar una bolsa de plástico al desierto o venir a cazar una gacela o un pájaro deterioran el equilibrio del planeta.

16

La Caravana Cívica
¡Trae tu talento, sonríe y ven con nosotros!

Tardé varios años en comprender que el auténtico líder que inspiró el concepto de Caravana Cívica a Yamila Hasun y su grupo es el modesto Buchrad, un hombre que nunca se pone en el centro de las fotos, como hago yo cada vez que veo una cámara. Aparece agachado con sus hijas (es el tercero por la derecha) en la foto recuerdo de la quinta Caravana Cívica celebrada en 2001, cuyos participantes se reunieron en el edificio de la fundación Bellarch, en pleno centro de la medina de Marrakech, antes de lanzarse al asalto del Alto Atlas. Mustafa Buchrad —nacido en Figuig, cuna ancestral de nómadas y agricultores, escondida entre las dunas a setecientos kilómetros de Zagora en dirección a la frontera argelina— volvió a su pueblo una vez terminados los estudios, como Zainabi, y fundó una asociación cuyos objetivos eran construir escuelas, proveer de energía solar a los pueblos pequeños y plantar árboles. No obstante, como explica él mismo, los problemas ecológicos (el de la protección de las gacelas y las aves, o el de los desechos) exceden las posibilidades

de la población local del desierto, y requieren que esta última aprenda a comunicarse con los turistas: «Los turistas, sean de Casablanca o de París, creen que el desierto está vacío. Los habitantes del lugar son percibidos como figurantes, no como ciudadanos con preocupaciones ecológicas como la protección de la fauna y de la flora, a quienes por lo tanto hay que escuchar». La encuesta que hizo el grupo de Yamila Hasun en 1999 entre los alumnos de secundaria de los pueblos aislados del Alto Atlas reveló que sueñan con conocer a médicos y abogados fuera de los hospitales y los tribunales: «Sería maravilloso hablar libremente con un médico, fuera del marco de los seminarios organizados». La idea de la Caravana Cívica nació así. Yamila decidió empezar en Casablanca. «Invitar a la población urbana a escuchar a la rural. ¡Eso sí que sería una novedad, aquí en Marruecos! —constató con su característico sentido del humor—. Los médicos, abogados, escritores y artistas a quienes invitemos no tendrán que preparar nada. Solo tendrán que responder a las preguntas de los habitantes de las aldeas.» Cuando Yamila me explicó el proyecto de la caravana, saqué el tema del dinero, como siempre: «Para llevar médicos y otros expertos de Casablanca o París al desierto habrá que pagarles honorarios, sin contar los gastos del viaje». Entonces Yamila y Mustafa Buchrad volvieron a ponerme en ridículo. «Fátima, hablas como una financiera de Wall Street: "¡Lo que hace girar el planeta son los dólares!" Hay otros sueños que motivan a la gente, empezando por la solidaridad.» Yo, en vez de callarme, hice otra pregunta que revelaba hasta qué punto sigo siendo una ciudadana arcaica: la de la comida. A mi edad, siempre que pienso en invitar a veinte personas me imagino al personal de servicio que tendrá que preparar el interminable cuscús. Al oír la pregunta de quién se encargaría del cuscús, Yamila y Buchrad se echaron a reír: «¡Pero Fátima, antes de que la caravana salga de la ciudad para meterse en la montaña o el desierto pararemos los coches delante de algún colmado y les pediremos a todos que compren lo necesario para el día!».

Estos del sur son unos pillos. No contentos con liar a pobres urbanitas como yo en viajes incómodos por malas carreteras, nos privan del tradicional cuscús. Total, que la caravana partió sin cuscús. ¡Y encima salió bien! ¡Hay que ver!

La primera Caravana Cívica se pone en marcha: Casablanca ataca

Yamila me recordó rápidamente que vivimos en un Marruecos donde las iniciativas cívicas movilizan a millones de ciudadanos, incluida Casablanca. Encontrar escritores, médicos y abogados dispuestos a costearse el viaje a los pueblos del Alto Atlas y el desierto para responder a las preguntas de la población es tan fácil como acudir a militantes pro derechos humanos como la profesora Naya Budali, de la Universidad Ain Chock (véase el apéndice, p. 223). Yo no lo vi muy claro, pero una vez más el éxito inmediato de la primera Caravana Cívica, que empezó a finales de 1999, me demostró sin asomo de duda que mi Marruecos capitalista puro y duro había experimentado cambios radicales.

Médicos como la ginecóloga Latifa Yamai, de Rabat, y la generalista Wafae Guesus, de Casablanca (véase el apéndice, p. 224), no solo ofrecieron consultas gratuitas, sino que aceptaron organizar encuentros nocturnos para responder a las preguntas de las mujeres del campo, que trabajan todo el día sin parar y solo tienen tiempo libre por la noche.

Por lo que respecta a los escritores, antiguos presos políticos como Aziz El Uadie y Fatna El Buih (véase el apéndice, p. 225) presentaron sus libros a los alumnos de secundaria de los pueblos, cosechando un éxito espectacular. Los jóvenes querían saber de dónde se saca el coraje de luchar y cultivar la esperanza cuando se está en la cárcel.[1]

Cultivar la felicidad y hacer crecer la esperanza: esa, y no otra, es la esencia de lo que ha hecho Buchrad en la provincia de Figuig, donde el aislamiento es tan grande que a veces, para los que no pueden salir de ella (es decir, comunicarse), parece una cárcel. Tejer redes de comunicación es el sueño que ha sabido realizar Buchrad en su pueblo natal, un sueño que hacía brillar de admiración los ojos de los jóvenes de los pueblos perdidos por donde pasaba la Caravana Cívica.

Solo el turista puede ayudar al nómada a proteger a las gacelas

El padre de Mustafa Buchrad era un *fellah* (campesino) que también regentaba un colmado. Su madre tejía *burnus*, *yellaba* y alfombras en los severos colores de la región: negro, blanco y marrón. Siendo niño Mustafa, su familia se trasladó a Tendrara, un pueblo pequeñísimo situado a 176 kilómetros de Figuig, y con ello vinculó definitivamente su identidad afectiva a este segundo lugar; pero antes de volver a Figuig Buchrad no tuvo más remedio que exiliarse a Fez, como Zainabi y Uhayu, para licenciarse en ciencias económicas. En 1977 ingresó en el Centro Pedagógico de Uchda, y en 1979 fue nombrado profesor de francés en el instituto Sidi Abdelyabar de Figuig, donde permaneció siete años. En 1988, a los treinta y dos, logró volver finalmente a su pueblo, Tendrara, como director del instituto Ibn Jaldun. Ahí fue donde se involucró en la aventura cívica.

En 1991, él y un pequeño grupo de colegas y amigos fundaron la ACAET (Asociación de Cuadros y Ex Alumnos de Tendrara), cuyo objetivo era ayudar a los 20.000 habitantes de Tendrara, que practican el nomadismo por un territorio de las dimensiones de Bélgica (15.000 kilómetros cuadrados), a tener alcantarillas, agua y colegios con energía solar. Una rápida valoración de los resultados explica por qué, según Mustafa Buchrad, «las dificultades dan energía».

En cinco años, la asociación ayudó a la población a obtener el equipamiento de base que el estado le había denegado durante cincuenta años:

a) Agua y alcantarillado. La encuesta de 1995 sobre el estado de salud de la población dio como resultado que, mientras el 84 por ciento de la población urbana disponía de servicios higiénicos con cisterna privada en su interior, solo el 15 por ciento de la población rural gozaba del mismo privilegio. Dos tercios de la población rural, es decir, el 60 por ciento, no tenían servicios higiénicos y tenían que hacer sus necesidades al aire libre.[2]

En cuanto al agua, la encuesta reveló que, mientras el 85,6 por ciento de la población urbana disponía de un grifo en su domicilio, ese privilegio solo lo tenía el 10,6 por ciento de la población rural. La mayoría de los habitantes de las zonas rurales tenían que ir a buscar agua a puntos donde no podía controlar su calidad, como los pozos públicos (29 por ciento) y las fuentes (23 por ciento), o no tenía más remedio que sacarla directamente de los ríos (8,4 por ciento).[3] Antes de cualquier otra medida, los habitantes de Tendrara construyeron 3.000 metros de saneamiento líquido (alcantarillas) y excavaron doce pozos de agua potable para los nómadas. Una vez construidas las alcantarillas y excavados los pozos, la asociación formó a los habitantes para que pudieran ocuparse por sí mismos de su mantenimiento, y empezó inmediatamente a equipar a los colegios y los dispensarios.

b) Educación, sanidad y energía solar. Buchrad me explicó que por varias razones la energía solar era la mejor alternativa (a pesar de su elevado coste), ya que el campo, a diferencia de la ciudad, no disponía de redes eléctricas financiadas por el Estado.[4] Por otra parte, Marruecos cuenta con 39.200 localidades, la mitad de las cuales se mueve entre los cien y los doscientos habitantes, y la extrema dispersión de la población rural explica que sea tan difícil conectarla con las redes eléctricas tradicionales.[5]

Los estudios de los expertos internacionales respaldan de principio a fin las decisiones de la asociación de Buchrad. Dotarse de energía solar en vez de conectarse a redes eléctricas lejanas es cada vez más viable económicamente: «En algunas zonas muy concretas, el coste de la energía renovable ya es competitivo respecto al de la energía clásica. [...] Un número determinado de instalaciones fotovoltaicas solares se presta bien a la producción de electricidad al margen de la red. Estos sistemas son especialmente útiles en las zonas rurales alejadas de las redes eléctricas, así como en las regiones poco pobladas, donde la baja demanda hace que el coste de la conexión sea prohibitivo».[6]

Tras ocuparse de las instalaciones básicas, la asociación logró crear puestos de trabajo y actividades generadoras de ingresos. La población, sobre todo femenina, se benefició de cuatrocientos microcréditos que sirvieron para financiar pequeñas empresas como la cría de pollos, así como negocios pequeños como la venta al por menor de telas compradas al por mayor o una peluquería. Una vez solucionadas las necesidades de los seres humanos en materia de agua potable, la asociación pensó en las pobres ovejas y les construyó diez abrevaderos. Sin embargo, el problema de la protección del medio ambiente seguía siendo insoluble, a causa de su imbricación con el de la comunicación con los turistas, sobre todo los árabes del Golfo, que siempre han ido al desierto a cazar gacelas y aves en vías de extinción. Las conversaciones que se celebraron durante las diversas caravanas cívicas llevaron al grupo de Zagora a concebir la idea de una guía turística que no estuviera escrita por las agencias de viaje, como es habitual, sino por los propios habitantes del desierto (véase el apéndice, pp. 226-228).

Una guía para dialogar con el turista

La guía nació así, de la voluntad de escribir colectivamente un libro que alimentara el diálogo ciudadano-turista, sensibilizando a este último sobre las *Maravillas del valle del Dra* tal como las ve la población local. Solo había un problema: que Zainabi me quería a mí de responsable del taller de escritura que ayudaría al grupo a redactar la guía. Mi problema era de índole puramente psicológica. Llevar un taller de escritura implicaba presidir las dinámicas del grupo, saber leer las emociones en las caras de los participantes y sobre todo anticiparme a sus comportamientos, pero en el sur de Marruecos, y más en los alrededores del desierto, la gente me desorienta. Tienen actitudes tan imprevistas… Sobre todo lo poco que hablan, y su manera de mirarte en silencio. ¿Cómo se lleva un taller de escritura cuyos participantes te observan y callan en vez de armar barullo y quitarse mutuamente la palabra, como en Rabat? Al oír mis temores, Zainabi se rió. Luego me dijo que era la ocasión perfecta de aprender a gestionar una dinámica de grupo diferente, pero sobre todo de conocer mejor a los habitantes del sur. «No olvides que el objetivo de nuestra guía es dialogar mejor con los extranjeros. A veces a nosotros el norte de Marruecos también nos parece tan lejano como Suecia.» Animada por el desafío que me planteaba Zainabi, me comprometí a dirigir el taller, tras darme cuenta de que el máximo riesgo que corría era hacer el ridículo como supuesta experta en técnicas de escritura. Reconozco que hay veces en que ponerse en ridículo es un buen ejercicio, siempre que valga la pena el objetivo. En menos de un año, el grupo de Zagora redactó su guía. Mientras proyectábamos la séptima Caravana Cívica —que debía llevarse a cabo en abril de 2003, celebrando la aparición de la guía *Maravillas del valle del Dra*—, la televisión anunció que mi nombre figuraba entre los preseleccionados por la fundación Príncipe de Asturias para recibir uno de los premios que se entregarían en octubre del mismo año. «¿Y por qué no invitamos a alguien de la fundación Príncipe de Asturias a que nos acompañe a Zagora con la séptima caravana? —empezó a gritar Naya Budali, en cuya casa nos habíamos reunido el día en que varios canales dieron la noticia del premio—. Muchas veces los premios literarios se quedan en simples encuentros de élites urbanas. Lo que sería genial es que los españoles vinieran a celebrar que ha salido nuestra guía cívica del desierto. Igual así se les ocurriría invitar a Asturias a la caravana...»

En ese momento, los veinte años de diferencia entre Naya y yo me hicieron pensar que una de las ventajas de la juventud sobre los viejos es que tiene el atrevimiento de soñar en voz alta. ¡Por supuesto que a mí también me parecía genial que el anuncio de mi candidatura a un premio concedido por un príncipe europeo y procedente de un país especialmente temeroso de la inmigración marroquí como España coincidiera con el momento en que Zagora se aprestaba a celebrar un libro donde los jóvenes ensalzan las riquezas de su desierto en vez de soñar con abandonarlo e irse lejos! Pero ¿estaban dispuestos los responsables de la fundación Príncipe de Asturias a subirse a un avión para venir a Zagora? Es más: ¿estaban abiertos a la idea de invitarme no solo a mí, sino a «mi» Caravana Cívica, a la ceremonia de entrega del premio, fijada para el 24 de octubre en Oviedo? ¿Estaban dispuestos a pagar la estancia y el billete de avión a una decena de marroquíes que hasta entonces, para ellos, eran ilustres desconocidos, pero que son los constructores del Mediterráneo del futuro?

¡Pues sí! Aunque pareza mentira, mientras Aznar, el presidente español, se unía a Bush, el de Estados Unidos, para despilfarrar miles de millones en su tentativa de descubrir «terroristas árabes», algunos españoles discretos aceptaron la invitación de venir a Zagora para vivir al ritmo muy modesto de la caravana, donde había muy poco cuscús previsto, pero donde se habían programado muchos debates sobre la salvaguardia del patrimonio cultural como aventura universal. Debates que como veremos tuvieron continuidad en Oviedo.

La Caravana Cívica se vuelve universal

Una vez puesta en marcha con los marroquíes de Casablanca y Rabat, la caravana no tardó en atraer a otros participantes de Europa y Estados Unidos. Gracias al boca a oreja, la idea de sumarse a una de las caravanas para regalar tres horas de tiempo a los habitantes de las poblaciones pequeñas atrajo a muchos profesionales extranjeros. ¿Cómo usar su talento para ayudar a la gente del campo a comunicarse mejor? Fue una pregunta que inspiró a muchos invitados extranjeros, que pasaron inmediatamente a proyectos concretos.

La periodista alemana Greta Tullman creó *Hanan Bridge* (El puente de la ternura) en colaboración con Regraguia, la artista de Esauira. Mi editora francesa de Albin Michel, Claire Delannoy, aceptó encargarse de un taller de técnicas editoriales de *best sellers*. Escribir para el gran público es el sueño de muchos jóvenes que viven en el aislamiento de las grandes extensiones desérticas, donde la posibilidad de acceder a cursos de técnicas sofisticadas de escritura es mínima. La artista Ruth Ward, llegada de Washington con su marido Mark (que había trabajado como diplomático en Marruecos), aceptó realizar un reportaje fotográfico que tuvo la amabilidad de donar a la caravana, y que en gran parte ilustra este libro.

Por último, la experta en internet Heike Staff decidió encargarse de un taller que tuvo mucho éxito sobre «Cómo crear una página web para dar visibilidad a la Caravana Cívica». Gracias a ello, muchos jóvenes que habían creado su propia web se beneficiaron de la ayuda de una combinación de consultora técnica y pedagoga.

Es interesante señalar que, cuando la gente está decidida a comunicarse, el problema lingüístico, mencionado por George Orwell como inconveniente, es fácil de vencer. Los marroquíes, que no hablaban ni jota de alemán, estaban tan entusiasmados con los talleres de Heike Staff (cuyo inglés contiene un fuerte acento de Hamburgo) que entendían sin problemas su lenguaje técnico. De hecho, es uno de los milagros que sacó a relucir la caravana: el deseo de comunicarse es una auténtica fuerza, como nos está enseñando a comprender una forma de globalización cimentada en el civismo.

Greta Tullman, Regraguia y Hanan Bridge

En 1998, Greta Tullman, la directora de la revista alemana *Ab. 40* (Más de cuarenta años, véase el apéndice, p. 226), dirigida a las mujeres que caminan alegremente hacia la menopausia, me pidió un artículo sobre Regraguia, porque el tema respondía perfectamente a la estrategia de su publicación: demostrar a las mujeres occidentales (condenadas por la publicidad a identificar su éxito personal con la talla 42, las dietas de adelgazamiento y la eterna juventud) que la menopausia puede ser una ocasión ideal para construir una nueva vida. El caso de Regraguia fascinó a Greta, que también había nacido en una familia proletaria, pero en 1938, en una Alemania en plena guerra. Durante su adolescencia se había adscrito a la izquierda. Más tarde había participado en el movimiento de 1968, y en la revolución de los verdes, el partido ecologista que ha modificado el panorama político alemán. Lo que me impresionó de Greta fue que su revista, llena de fotos en color —la lanzó en 1989 y tiene un tiraje de treinta mil ejemplares—, prosperase sin recurrir a la publicidad. Por eso prometí enviarle el artículo sobre Regraguia dentro del plazo acordado. Recogí fielmente las palabras de Regraguia, que siempre me había dicho que era analfabeta, pero justo después de enviarlo por fax descubrí que la artista llevaba un «diario» personal. ¡Sabía leer y escribir! Cuando le pregunté por qué me había escondido que estaba alfabetizada, me dejó de piedra con su respuesta: «Digo que soy analfabeta porque nunca he puesto el pie en un colegio. En cuanto dices que tienes instrucción, te preguntan por tus títulos». Y añadió que esa cuestión, la de los títulos, hace que cientos de hombres y mujeres sigan declarándose analfabetos aunque hayan aprendido el alfabeto y sepan idiomas.

Cuando envié un fax a Greta con esta increíble información (para que pudiera exponer a sus lectores la definición de analfabetismo de Regraguia), quedó tan conmovida que decidió ayudarla a crear su anhelado *Hanan Bridge*: una estructura que permitiera a las artistas alemanas visitarla en Esauira, y viceversa. *Hanan*, como a estas alturas ya sabéis, es una palabra árabe que significa dar ternura sin límites ni condiciones.

Dicho de otro modo: si la persona en cuestión hace una tontería, no le reclamáis esa ternura, porque el perdón es inmediato. Regraguia, que siempre tiene miedo de comunicarse
mal con los extranjeros, pretendía que *al-hanan* fuera la regla
básica de los encuentros que Greta y su revista han pasado a
organizar con periodicidad anual.

En la Caravana Cívica con la familia

Digamos, finalmente, que una de las ideas más innovadoras
de la Caravana Cívica, tal como la concebía Buchrad, era que
había que animar a los profesionales a acudir a los encuentros
con sus familias, no solos, como la mayoría de los expertos
que viajan. El propio Buchrad solía hacer sus viajes de trabajo con su mujer e hijos durante las vacaciones escolares. El hecho de que los expertos vinieran en compañía de sus familias
los hacía más accesibles para la gente de provincias, que en
caso contrario se habrían sentido cohibidos.

Asistir a las trifulcas de los escritores que presentaban sus
libros, como Aziz El Uadie, Fatna El Buih o Damia Benjuya
(véase el apéndice, pp. 225, 226), con sus cónyuges y niños
creó inmediatamente un clima de familiaridad que animó a
los alumnos de los institutos de pueblo a vencer la timidez y
formular todas las preguntas que se les ocurrían.

De todos modos, una de las cosas que he descubierto al
observar la dinámica de las parejas marroquíes donde trabajan
los dos, como en el caso de Damia Benjuya, profesora de un
instituto de Rabat, y su marido Bachir Nehal, inspector de Ha-
cienda, es que la mujer se «aprovecha» del marido. Para muestra, un botón: es Bachir quien cuida a los niños durante todo

el día, hasta las seis de la tarde, mientras que Damia se ocupa de la cena. También he constatado algo más: ¡que Damia —autora de muchos libros sobre la condición femenina donde denuncia los abusos que sufre la mujer, especialmente uno sobre la violencia sexual en Marruecos (*Le viol au Maroc*, Fennec, 2002) del que se habló mucho en los medios de comunicación— no organizó ningún debate público para ensalzar los esfuerzos de su marido! Al decírselo me contestó: «¡Fátima, a los hombres no hay que provocarlos demasiado!».

Ya se ve: ¡las mujeres, arcaicas nos quedamos! Si no empezamos a elogiar los esfuerzos de los hombres que nos ayudan, nunca podremos quitarnos de encima la mentalidad del harén.

Así que la idea de invitar a parejas en las que los hombres contribuyen a la paz del hogar participando en la gestión de las tareas domésticas quedó para una futura caravana.

CONCLUSIÓN

La Caravana Cívica invitada a Europa o el jardín del Príncipe de Asturias

El hecho de que en el último momento algunos españoles —concretamente la diputada Carmen Romero, que en ese momento representaba a Andalucía en el Parlamento español, y que está casada con el ex presidente Felipe González, y Natalio Grueso, jefe del Departamento de Relaciones Internacionales de la fundación Príncipe de Asturias— decidieran subirse al primer avión para participar en la séptima Caravana Cívica, programada en Zagora del 1 al 13 de abril de 2003, modificó la dinámica interna de nuestro grupo. De repente, en vez de concentrarnos en la diferencia entre marroquíes del norte y del sur, que era a lo que tendíamos, nos vimos ante otro desafío: organizarnos para dialogar lo mejor posible con extranjeros de verdad, esta vez españoles. El objetivo que se había fijado la caravana ya era de por sí muy delicado, incluso para un público cien por cien marroquí: se trataba de oír a los autores de *Maravillas del valle del Dra* presentando su desierto. Pero es que además resulta que habían programado demasiadas excursiones: visitas a las bibliotecas, a los yacimientos prehistóricos y los *qsar* abandonados, etcétera, etcétera. Antes de que nuestros huéspedes españoles hubieran anunciado su llegada, yo ya protesté por el exceso de salidas programadas, que nos obligaría a caminar durante horas por las dunas, sobre todo a las once de la mañana, cuando la luz resalta al máximo el perfil de las incisiones en las rocas. En suma, que justo antes de la inauguración «Marruecos» estaba escindido en dos facciones: «los del norte», que son delicados y temen el sol, como yo, y «los del sur», que interpretan el papel de robustos y deportistas sin miedo al sol ni al cansancio, y que insistían en comentar la nueva guía al aire libre.

Ya os podéis imaginar que cogí al vuelo la oportunidad que me brindaba la presencia de los españoles y volví a la carga para tratar de anular alguna de las salidas matinales, maximizando a cambio el número de horas en el jardín del hotel Sirocco en compañía de un grupo francomarroquí célebre por sus iniciativas a favor de la protección del medio ambiente. La verdad es que tomar el té en el palmeral del hotel Sirocco no es un placer nada desdeñable, ya que Ginette y Gilles Joly, la pareja francesa propietaria del hotel, y Hamid Hilali, su dinámico gerente (todos ellos militantes del turismo verde), dan un ejemplo perfecto cultivando flores raras y atrayendo los pájaros a su jardín. ¿Tan mal estaba imaginar una Caravana Cívica menos agitada? ¿No podíamos estar cómodamente sentados en el hotel Sirocco, mientras nos instruían los autores del libro? Sin embargo, mi perorata sobre la escasa tolerancia a esos rigores de nuestros invitados españoles no surtió el menor efecto.

«No hables en nombre de los españoles, Fátima —dijo Ahmed Elkarimi, el director ejecutivo de ADEDRA—, que estoy seguro de que aceptarán todas las excursiones que tenemos programadas. —Y añadió con malicia—: Los que tienen miedo del sol son los de Fez. Es bien sabido que las calles se vacían entre mediodía y los dos.»

No dije nada, porque Elkarimi tenía razón. Para colmo, los españoles (que llegaron pertrechados de sombreros) se entusiasmaron con el programa, y para mi vergüenza no elevaron ni una sola queja sobre la dureza de la prueba. Vaya, que no me quedaba más remedio que seguir al grupo. ¿Os imagináis cómo me presenté a la cita del 11 de abril de 2003, cuando los autores de la guía nos convocaron a todos para ir al asalto de las dunas? Con la cabeza escondida bajo un magnífico velo tuareg azul, y un enorme sombrero de ala ancha, típicamente europeo. Puestos a globalizarse, más valía utilizar dos culturas, la del norte y la del sur del Mediterráneo, para protegerse de cualquier peligro. Sin embargo, aún me esperaba otra sorpresa. Durante las excursiones, los participantes extranjeros no cesaron de hacer preguntas pertinentes a los autores de la guía. ¿Sabéis por qué? Pues porque habían tenido la inteligencia de echar un vistazo al manuscrito *Las maravillas del valle del Dra*, que nos habían entregado los organizadores. Un reflejo infrecuente entre los marroquíes. Yo ya me había fijado en el detalle al participar en mis primeros coloquios internacionales. En Marruecos, los documentos que nos reparten durante el viaje los metemos sin leerlos en el maletín, mientras que los europeos encuentran tiempo para darles una ojeada. Pues bien, gracias a sus preguntas nuestros huéspedes españoles fueron capaces de reconocer entre los animales que desfilaban por las incisiones talladas en la roca a la sin par avutarda, un ave que se remonta al neolítico y que ha salido a colación en la prensa árabe porque los príncipes del Golfo siguen cazándola en el desierto del norte de África, a pesar de que la población se haya movilizado para protegerla.

Una maravilla en peligro: la avutarda hubara

El destino de los animales en vías de extinción se convirtió rápidamente en uno de los temas dominantes suscitados por las excursiones a los yacimientos. Todas las personas que habían echado un vistazo a los textos de Zainabi y Lekbir Uhayu («Incisiones, pinturas y túmulos de un pasado enigmático» y «Paisajes contrastados y una historia singular») descubrieron inmediatamente a las avutardas. Cuando se aprende a verlas son fáciles de encontrar, tanto las de verdad (que saltan con frecuencia entre las rocas) como las que se se esconden en las incisiones fechadas en el neolítico.

Muchos jóvenes se identifican en algún sentido con esta ave de aspecto frágil, pero que sabe luchar por su supervivencia y ha logrado arrostrar toda clase de peligros para sobrevivir a lo largo de los siglos. La comunidad científica nos informa de que existen dos especies de avutarda hubara, la avutarda asiática y la norteafricana. Esta última está tan amenazada que en 1996, cuando el Congreso Mundial de la Naturaleza celebró su primera sesión en Montreal, emitió un comunicado en que se aconsejaba prohibir su caza (http://www.europa.eu.int/comm/environment/nature/directive/chlamydotis_undulata_en.htm). La movilización en defensa de la avutarda del norte de África, protagonizada por los jóvenes de la región entre Zagora y Figuig, no ha cambiado gran cosa. A pesar de las peticiones y los comunicados, las agencias de viaje siguen enviando cazadores.

Uno de los objetivos de la Caravana Cívica era precisamente buscar información sobre las alternativas más eficaces para que la población local pudiera frenar la caza ilegal de aves y gacelas. Así nació la idea de invitar a una decena de organizadores de la Caravana Cívica a viajar a España con motivo del premio Príncipe de Asturias. Era una manera de celebrar encuentros con las ONG españolas y estudiar las estrategias que han desarrollado para reforzar el poder de los ciudadanos, sobre todo en materia de ecología.

En España, la Caravana Cívica descubre un jardín encantado

Al ser informada de las preocupaciones ecológicas de los actores cívicos de Zagora, Begoña Fernández Fernández (la directora del Instituto Asturiano de la Mujer) pensó que invitar a la Caravana Cívica a Oviedo durante la ceremonia de entrega del premio sería una buena manera de aprovechar la presencia de los medios informativos, y que aumentaría el alcance estratégico del diálogo por un Mediterráneo más pacífico.

A pesar del poco tiempo disponible entre abril y el 24 de octubre, la fecha de entrega del premio, las asociaciones del norte y el sur de Marruecos —que actualmente trabajan juntas con el nombre de *Synergie civique*— se afanaron en facilitar la labor de los grupos españoles y en organizar una exposición digna de ese nombre, un *Viaje al Marruecos cívico* que permitiera a los habitantes de Oviedo y Gijón conocer a artistas como Fátima Mellal, Regraguia y Bannur, debatir sobre derechos humanos con Muhsin Ayuch y Naya Budali o preguntar a Yamila Hasun por los cibercafés de Marrakech.

A cambio de su participación, el Instituto Asturiano de la Mujer se comprometió a organizar una serie de mesas redondas y debates entre el grupo marroquí y las ONG españolas, sobre todo las que trabajaban en iniciativas de cariz ecológico. El día en que la Caravana Cívica pisó el Jardín Botánico Atlántico —durante una visita guiada de la alcaldesa de Gijón, Paz Fernández Felgueroso—, tuvo un flechazo. Mis compatriotas, locos de alegría, decidieron «piratear» el jardín asturiano. ¿Por qué?

Simplemente porque la Caravana Cívica estaba encantada con la idea de un jardín que fuera al mismo tiempo un museo de la fauna y la flora, un centro de enseñanza secundaria y un instituto de investigación para expertos, además de un espacio dedicado al reposo, con su cafetería y su librería. Muhsin Ayuch, que comparte conmigo su condición de natural de Fez (un lugar donde la artesanía está muriendo), pensó rápidamente en el dinero que podrían recaudar los ciudadanos mediante un jardín de esas características: «Por un lado, la gente tendría la oportunidad de conocer a los investigadores que analizan y cuidan las plantas; por el otro, podrían hacer sugerencias para desarrollar nuevos productos. ¡Imagínate que los tintoreros de Fez pudieran discutir con los científicos sobre las nuevas técnicas para conseguir telas más suaves y colores menos brillantes!». A bordo del avión que nos llevó de vuelta a Marruecos, Muhsin Ayuch estaba exultante, y Bannur entraba en tales trances al describir su jardín botánico «desértico» que no podía estarse quieto. La azafata de la Royal Air Maroc se vio obligada a pedirle varias veces que se sentara. «Pero ¿por qué están tan nerviosos?», me preguntó, atónita; y yo le contesté que la agitación manifestada aquella tarde de octubre de 2003 era un espectáculo que tendría ocasión de volver a ver a menudo: era el entusiasmo de los ciudadanos del mundo volcados en el intercambio de recetas para crear un Mediterráneo donde la felicidad de los hombres se evalúe sobre la base de la libertad de las gacelas y la protección de las aves.

A finales de noviembre de 2003, mientras pensaba en las conversaciones de Gijón, oí anunciar la trágica noticia de que un terrorista había asesinado a un príncipe saudí, Talal ibn Abdelaziz Errachid, cuando cazaba avutardas cerca de Yelfa, a doscientos cuarenta kilómetros al sur de Argel. Esa tarde recibí una llamada de Zagora. Todos condenaban el asesinato. «No es con la violencia como hay que frenar la masacre de pájaros», repetía la mayoría de los actores cívicos. Es necesario un refuerzo del poder de los ciudadanos a nivel mundial, que garantice la protección de la fauna y la flora en todas partes, a escala planetaria. En el desierto argelino, el príncipe no había caído solo. «Las víctimas —decía *Le Monde* del 7 de diciembre de 2003—, entre las que figuran algunos policías argelinos heridos, formaban parte de una comitiva que practicaba la caza de especies no solo raras, sino protegidas en aquella región del sur de Argelia.» *Le Monde* añadía que la semana anterior habían sido heridos otros dos saudíes por los proyectiles de un agente de seguridad de la región de Gardaia, que había disparado como muestra de desprecio. Cuantas más noticias llegaban sobre el asesinato del príncipe saudí, más nos dábamos cuenta de que la violencia nunca es la mejor solución para proteger el medio ambiente. Lo que habría que hacer es ayudar a los ciudadanos a construir jardines botánicos en todas partes, para que las comunidades celebren diariamente el milagro de la vida y se lo inculquen a sus hijos.

«Si el príncipe saudí hubiera conocido la historia de la avutarda, y lo mucho que la quieren los niños de Yelfa, Zagora y Figuig, ¿habría seguido cazándola?», me preguntó Brahim, el quiosquero de mi barrio, mostrando un ejemplar de la revista *al-Bawasil*, que al parecer va dirigida a un público de cazadores, y cuyo comité de redacción estaba presidido por el príncipe Talal Errachid.

Brahim, el vendedor de prensa, que es del sur de Marruecos, siguió mirando silenciosamente el título, y al tenderme la revista añadió en voz baja: «El arraigo en una comunidad cívica es lo único que puede ayudar a la gente a dominar sus impulsos violentos, tanto si son cazadores como terroristas. Yo creo que si proliferan los unos y los otros es por la misma soledad».

APÉNDICE

Capítulo 3

Ali Amahan nació en Ait Iktel el 10 de octubre de 1950. Como Simbad, se fue de casa para viajar y aprender. Volvió de París con un doctorado en antropología (École des Hautes Études en Sciences Sociales, 1978), que al parecer causó gran impresión en Rabat, hasta el punto de que el mismo año fue nombrado conservador de los museos de Fez, en 1990 responsable de los museos marroquíes y en 2001 jefe de gabinete del ministro de Cultura.

Desde 2002 es jefe de departamento de la Agencia para el Desarrollo Social, que fomenta iniciativas cívicas. Mientras tanto también ha podido escribir varios libros, como *Peuplement et vie quotidienne dans un village du Haut Atlas Marocain* (Población y vida cotidiana en un pueblo del Alto Atlas marroquí), Geuthner, París, 1983. Ha participado en *De l'empire romain aux villes impériales: 6.000 ans d'art au Maroc* (Del imperio romano a las ciudades imperiales: 6000 años de arte en Marruecos), Musée du Petit Palais, París, 1990, y *Du signe à l'image: le tapis marocain* (Del signo a la imagen: la alfombra marroquí), Casablanca, 1995.

Capítulo 5

 Fátima Seluan con su hijo Tarik Esaadi. Fijaos en la sonrisa cómplice y el orgullo de esta madre, que destaca en el bordado y la costura, como buena nativa de Bzu, la ciudad donde las mujeres tejen *yellaba* y *selham* (prendas blancas) de seda blanca, las más finas de la cuenca del Mediterráneo. Bzu queda a 208 kilómetros de Marrakech tomando la carretera de Beni Mellal que pasa por Azilal, la región de los lagos, las cuevas y las cascadas.

¿Será por haber visto desde niño que su madre bordaba pájaros y les ponía alas que Tarik se encuentra tan a gusto navegando alrededor del planeta? ¿Será eso, tener una madre que hila como una araña —tarea que requiere concentración y planificación de etapas largamente meditadas—, lo que predispone a todos estos hombres a navegar por la red? Lo que está claro es que Tarik Esaadi siempre fue propenso a la ciencia ficción y las realidades alternativas: «La primera vez que vi la película *E. T.*, a los dieciséis años, empecé a preguntarme si mis iniciales, T. E., no me predestinaban a entrar en contacto con ellos. En cualquier caso, me ilusionaba tener algo en común con los extraterrestres».

Para contactar con Tarik Esaadi: www.emarrackech.info – E-mail: Tarik@emarrakech.info – Tel.: 00212 61 34 37 62

Capítulo 14

Ahmed Zainabi nació en Zagora en 1962, dentro de una familia modesta. Su padre era un pequeño funcionario del Ministerio de los Habus (fundaciones religiosas).

La única manera de estudiar era irse de Zagora. A los quince años fue al instituto en Uarzazat, después a la universidad en Rabat y por último a Francia, donde se doctoró en geografía en 1989, especializándose en desarrollo territorial. A su regreso a Marruecos optó por diversificar su experiencia embarcándose prácticamente en tres carreras. La primera es la de funcionario del Ministerio de Agricultura, donde ingresó en 1990, a los veintiocho años. La segunda, la de actor cívico, arrancó en 1996 cuando Ahmed y tres amigos y colegas de la misma región, entre ellos Lekbir Uhayu (véase p. 186), fundaron la ADEDRA (Asociación para el Desarrollo del valle del Dra). La tercera carrera está ligada a las demás: en 1997 Ahmed pasó a promover la cooperación internacional al ser nombrado director del PROLUDRA (Proyecto para la Lucha contra la Desertización del Valle del Dra), financiado por la GTZ, una institución alemana.

Cuando estos intelectuales regresan a sus pueblos, demuestran ser magníficos intermediarios entre la población local y los expertos en desarrollo, locales o internacionales. Una de las particularidades de la ADEDRA es su capacidad de convertir la atención en la base de sus objetivos. Ayudar a la población rural a expresar sus necesidades, en vez de seguir siendo prisioneros de las soluciones preconcebidas de los expertos de Washington, Nueva York o Rabat, es el papel del centenar de agentes de la asociación. Así se explica que la dinámica de grupo (animación) y la movilidad del personal sean la principal preocupación de la ADEDRA: «Entre los noventa puestos de trabajo que hemos creado —explica Zainabi— hay dos ingenieros, ocho técnicos, dos secretarias y seis chóferes. El resto se divide entre agentes de desarrollo y animadores».

Contactos de la ADEDRA: Avenue Mohammed V, Zagora. Tel.: 00212 44 84 76 11 – Fax: 00212 44 84 70 35 – E-mail: adedra@iam.net.ma – Web: http://membres.lycos.fr/adedra1/index.html

Capítulo 15

Nezha Achdar rodeada por su equipo, que la animó a cumplir su sueño de convertirse en la primera ganadora marroquí de la Maratón de las Arenas. El grupo comprende a su madre (en el centro, con el *haik* tradicional), sus tres hermanos y el famoso corredor Lahsen Ahansal (a la izquierda de Nezha), que inspiró tanto a Nezha como a sus hermanos. ¿Cómo ponerse en contacto con estos jóvenes corredores?

Nezha ha emprendido una carrera como secretaria, pero conserva su gimnasio de aerobic (tel. móvil: 00212 67 96 65 01; e-mail: nannakhd@yahoo.fr). Su hermano Brahim, que la entrenaba, sigue haciendo trekking con grupos y se ha especializado en cocina dietética para personas que desean mantenerse en forma (tel. móvil: 00212 66 74 78 63).

En cuanto a Lahsen Ahansal, es tan famoso que basta teclear su nombre por internet; Google, por ejemplo, arroja más de quinientas referencias en pocos segundos. No obstante, como escribió un periodista de la revista *National Geographic Adventure*, el atletismo no le ha hecho rico, y actualmente se gana la vida organizando trekking para grupos reducidos (tel. móvil: 00212 62 13 43 21).

Para Mayida Chadid (a la izquierda en la foto) y la educadora Hada Fakir (a la derecha), el problema de las alfombras que he decidido calificar de «eco» es su venta. Por definición, las amas de casa son incapaces de vender los productos que fabrican, y se dejan avasallar por los intermediarios. De ahí la importancia del marketing en su proyecto. Mayida vela por que la exposición de alfombras forme parte de todas las actividades de la asociación, a fin de brindar a las mujeres que las hacen más posibilidades de obtener pequeños beneficios, principal objetivo del proyecto. Se puede entrar en contacto con Mayida a través de la sede de la ADEDRA, pero como quiero estar segura de que no os perderéis la posibilidad de llevaros una ecoalfombra en vuestro equipaje de turistas os dejo su número de móvil: 00212 66 50 22 55.

Capítulo 16

La profesora Naya Budali nació en Casablanca en 1959, de padre artesano y madre obrera en una fábrica textil. Da clases de geología en la Facultad de Ciencias de Ain Chock, en Casablanca, y su militancia por los derechos humanos la ha vinculado a muchas asociaciones, tanto locales como internacionales, entre ellas el Sindicato Nacional de Enseñanza y Amnistía Internacional. Cuando le pregunté por qué una geóloga militaba por los derechos de las mujeres, me hizo cerrar la boca con su respuesta: «¡Me sorprende que no veas la relación, Fátima! Para viajar sola como geóloga, e investigar yacimientos prehistóricos situados en el desierto y en montañas aisladas, tenía que empezar por resolver el problema de los obstáculos que vedan el espacio público a las mujeres. Si fuera por los hombres, cualquier mujer que se moviera sola sufriría constantes molestias. Es lo que explica mi trabajo en los centros femeninos de Casablanca, los mismos que han bombardeado con faxes a los jueces y la policía para llamar su atención sobre el acoso sexual». El hecho de que Kamla, la madre de Naya, militara en el sindicato obrero, y de que participara entre 1962 y 1973 en las famosas manifestaciones, muchas de las cuales terminaron en baños de sangre, explica la obstinación de su hija en reivindicar el arraigo de los derechos de la mujer no solo en el espacio familiar, sino ante todo en el espacio público.

Naya Budali es autora de *Témoignages de femmes* (Testimonios de mujeres), editorial Le Fennec, Casablanca, 2002, y de *Mashakil al-maah al-magribiya maa al-qanun* (Problemas de la mujer marroquí ante la ley), 2002.

Contactos: tel. móvil 00212 61 46 06 11 – Fax 00212 22 22 33 11 – E-mail: najia-elboudali@hotmail.com

En la primera foto, la doctora Latifa Yamai. En la segunda, la doctora Wafae Guesus. En la tercera, la doctora Yamai —una de las primeras ginecólogas de Marruecos, donde ejerce desde los años sesenta— contestando a las preguntas de los participantes de la caravana de 2002. «La novedad es que desde 1991, y de la aparición de la parabólica, las mujeres se las arreglan sin problemas con la jerga técnica y el abecé de los productos farmacéuticos.» La doctora Wafae Guesus colabora con Fatna El Buih en cursos de alfabetización para mujeres de la cárcel Ojacha de Casablanca. Durante los consultorios médicos que dirige, ha observado que el vocabulario médico de las mujeres se ha enriquecido.

A la izquierda, Fatna El Buih, que pasó cinco años en la cárcel por sus ideas políticas, se unió a la Caravana Cívica con su marido Yusef y sus niñas para leer algunas páginas de su autobiografía *Hadiz al-azma* (Discurso de las tinieblas), Le Fennec, Casablanca, 2001.

En la foto de la derecha, Aziz El Uadie, que pasó diez años en la cárcel, y que vino con su mujer, Jadiya Butni, para presentar su libro *Saraqna dahkan* (Robamos una risa), Le Fennec, 2001. El libro, una demostración llena de humor de que la vida siempre triunfa sobre la estupidez, cuenta cómo Aziz y sus compañeros de celda lograron crear momentos de alegría aunque los carceleros se empeñaran en hundirlos en la desesperación. Las peripecias de algunos de los jóvenes detenidos a decenas en los años setenta durante las redadas en las instituciones universitarias, hombres que hoy, tras su puesta en libertad en los años ochenta, son libres de tomar la palabra, aparecen narradas por los propios protagonistas en el libro de Fatna El Buih, Abdellatif Zrikem, Aziz El Uadie y Nuredin Saudi *Sole nero. Anni di piombo in Marocco* (introducción de Fátima Mernissi, edición de Elisabetta Bartuli, traducción de E. Bartuli, P. Gandolfi, L. Osti y M. E. Paniconi, Mesogea, 2004).

La sonrisa de Mustafa Buchrad, que siempre parece minimizarlo todo, da alas a los *diplô-més-chômeurs* (parados con titulación) de Marrakech, como Mohamed Ziferelli, que en vista de que nadie quería sus servicios de ingeniero se recicló en fotógrafo: «¡Si Buchrad ha hecho milagros en Figuig, donde falta de todo, yo en Marrackeh tendría que salir disparado como una nave espacial!».

E-mail: mboujrad@menara.ma – Tel. móvil: 00212 61 24 15 12

Contacto: ex ACAET, ahora se llama AMAL (Asociación Marroquí de Apoyo al Desarrollo Local): boulevard Hassan II, Tendrara. Tel.: 00212 56 89 81 17 – Fax: 00212 56 66 21 52 – E-mail: analt@am.net.ma

Greta Tullman durante la Caravana Cívica de Marrakech; para más información, contactar con la revista *Ab. 40*. Tel. 0049 89 348 887.

Damia Benjuya con su marido Bachir y sus hijos. Entrevistando a los niños, los participantes de la Caravana Cívica descubrieron el secreto de esta familia feliz: «Es que en casa nunca se habla con mamá antes de las seis de la tarde. La dejamos escribir. El que nos ayuda a organizar las comidas es papá».

Conclusión

Para muchos turistas, el desierto está vacío. El objetivo de los redactores del libro *Maravillas del valle del Dra* es demostrar justamente lo contrario: que el desierto desborda de símbolos, imágenes y sonidos. El problema es que la arena esconde las imágenes y ahoga los sonidos. Por eso hay que hacer el esfuerzo de escuchar. El libro facilita esa escucha. Los ritos y rituales constituyen todo un universo a descifrar.

Hakima Faiz, maestra, y Ali Jumani, guía turístico, describen la ceremonia del matrimonio y de la circuncisión.

Yaafar Elmaguiri, maestro, nos inicia en el significado de los cantos y danzas, y Turia Elhayani, educadora, nos revela en su texto sobre el arte culinario que en el desierto no se come cualquier cosa.

Ahmed Elkarimi, geógrafo de formación, transmite su pasión por una cerámica local protegida por la *zawiya* (santuario religioso) de Tamgrut y por la confraternidad Nasiria, que data del siglo XVI: «La cerámica de Tamgrut es la única en todo el Marruecos rural que produce esmalte verde».

Darnos conocimientos de fauna y flora es el objetivo del biólogo y geólogo Hasan Chafik, que recoge datos muy valiosos sobre la gestión de conflictos a partir de la observación de las aves, y los usa para enriquecer sus seminarios sobre el método participativo.

¿Dónde nació la arquitectura de los *qsar*, las enigmáticas ciudadelas fortificadas que permitieron a los seres humanos soportar lo insoportable? Es lo que intentan explicarnos Abdelhadi Bunar, profesor de la Universidad de Agadir, y Ahmed Chahid, especialista en turismo ecológico.

Por último, Mohamed Chakir Nasiri, nacido en Tamgrut en 1956, explica en su texto sobre las bibliotecas lo fácil que es, una vez que se está dentro de ellas, olvidar que es necesario restaurarlas: «Nada más pisarlas, queda uno fascinado por los olores que se desprenden de los pergaminos de piel curtida de gacela, cabra o carnero». Añade que el pergamino presenta enormes ventajas respecto al papel: «Más duradero y resistente a la humedad, puede usarse en ambas superficies. Por eso brinda a los escribanos, calígrafos y tintoreros la posibilidad de demostrar su habilidad».

Puede decirse, en conclusión, que el interés de esta empresa —un libro colectivo escrito en un modesto taller de escritura por un grupo de nativos de la zona que decidieron transmitir al visitante extranjero lo que más aman de su medio ambiente natural— ha demostrado que en todos nosotros duerme un escritor, y que cualquier comunidad tiene su potencial de talentos.

NOTAS

Introducción

1. Los datos sobre la estancia marroquí de Orwell proceden de Sonia Orwell e Ian Angus (eds.), *The Collected Essays, Journalism and Letters of George Orwell*, Penguin, Harmondsworth, 1970; así como de Gordon Bowker, *George Orwell*, capítulo 12, «The Road to Morocco», Little, Brown, Londres, 2003, y de la biografía on line del autor: http://www.K-1.com/Orwell/Index.cgi/about/biography. html.

2. Gordon Bowker, *op. cit.*, p. 243.

3. Véase Sonia Orwell e Ian Angus (eds.), *op. cit.*

4. «Me gustan los árabes, son amables… pero nunca he podido establecer contacto con ellos porque hablan un francés extraño y soy demasiado perezoso para aprender árabe.» Así es como traducimos la siguiente cita: «I like the arabs, they are very friendly… But I've made no real contact, partly because they mostly speak a kind of bastard French and so I've been too lazy to learn Arabic», en Sonia Orwell e Ian Angus (eds.), *op. cit.*, p. 407.

5. Bistami, *Shatahat al-Sufiya* —colección que traduzco personalmente como «Danses sufies»—, introducción y comentarios de Abd al-Rahman Badawi, Wikalat al-Matbuat, Kuwait (s. f.), p. 85. Existe una traducción francesa a cargo del tunecino Abdelwahab Medeb, *Les Dits de Bistami*, Fayard, París, 1989.

6. Rhodri Williams, *Essays: Orwell's Political Messages*, publicado *on line*: http://www.K-1.com/Orwell/Index.cgi/opinion/essays/rhodri.html

7. «Every line of serious work that I have written since 1936 has been written, directly or indirectly, against totalitarianism and for Democratic Socialism, as I understand it.» (*Ibid.*).

8. «This trip is something quite new to me, because for the first time I am in the position of a tourist.» (Sonia Orwell e Ian Angus, eds., *op. cit.*, p. 407).

9. «… whereas if I were say on a gun machine expedition, I should immediately have some entry to all kinds of interesting society in spite of the language difficulties.» (Sonia Orwell e Ian Angus, eds., *op. cit.*, p. 309).

10. «Por su simpatía hacia los desfavoridos marroquíes, no cabe duda de que para Orwell el Reino Unido era la Reina del mundo. Le resultaba difícil hallar en el carácter o en las actitudes de los marroquíes algún rasgo en común entre el África del norte y Gran Bretaña.» Traducimos así esta cita de Fuzia Risasi: «For all his sympathies with the underprivileged Moroccans, there is no doubt that for Orwell it is England which is the Queen of the World. It is difficult, in fact, to find any marked trait in the Moroccans' character or behaviour which is common to both North Africa and England: there is no common humanity», publicada en su ensayo «Orwell's Marrakech and the Protectorate Tourist Guide», *Hespéris Tamuda*, Faculté des Lettres et des Sciences Humaines, Université Mohammed V, Rabat, vol. XXXIV, 1996, p. 186. *Hespéris Tamuda*, una de las mejores revistas dedicadas al estudio del Marruecos histórico y social, está editada por la Facultad de Letras y Ciencias de la Univer-

sidad Mohamed V de Rabat. Los números de teléfono para ponerse en contacto con la redacción de la revista en la Facultad de Letras son los siguientes: 00212 (37) 77 18 73 o 77 19 89.

11. Fuzia Risasi, *op. cit.*, pp. 159-191.

12. Véase «Las nuevas tecnologías y la carrera mundial hacia el saber», *Informe sobre desarrollo humano 1999*, PNUD.

13. «Las minorías y los excluidos de la sociedad crean comunidades virtuales por internet para cobrar fuerza y luchar contra el silencio que pesa sobre sus derechos agraviados. En India, la web DATPERS (Dalit & Tribal Peoples Electronic Resource Site) da testimonio de la exclusión a la que están sometidos los 250 millones de integrantes de las castas inferiores. También coordina campañas internacionales en defensa de los derechos humanos y actúa como lazo entre los miembros de la comunidad.» (*Ibid.*, p. 59).

14. «As far as I can judge, there is no anti-French movement of any size among the Arabs, and if there were one it would almost certainly be nationalist rather than socialist, as the great majority of the people are at the feudal stage.» (Sonia Orwell e Ian Angus, eds., *op. cit.*, p. 389). Citado también en F. Risasi, *Orwell's Marrakech, op. cit.*, p. 185.

15. Abdallah Larui, *Les origines sociales et culturelles du nationalisme marocain: 1830-1912*, François Maspero, París, 1977, p. 424.

16. De una célebre publicación nacionalista árabe de los años veinte, *al-Manar*, volumen XXVII, n.º 8, 1926, p. 632. Citado en Abdallah Larui, *op. cit.*, p. 427, nota 14.

17. «La guerra del Rif», en VV. AA. (Abdelaziz Amin, Brahim Butaleb, Jean Brignon, Guy Martinet, Bernard Rosenberger y Michel Terrasse), *Histoire du Maroc*, editado simultáneamente por Haltier, París y Librairie Nationale, Casablanca, 1967, p. 390.

18. Abd al-Karim Gallab, «La coalición del norte y su lucha contra los españoles. Tentativas de la *Kutla* (coalición) para derrocar el régimen de Franco por la vía de una contribución de origen

marroquí», en *Tariq al-haraqa al-wataniya* (Historia del movimiento nacionalista), Matbuat al-Risala, Rabat, 1987, p. 182.

19. John Micklethwait y Adrian Woolbridge, «A global ruling class», en *A Future Perfect: the Essentials of Globalization*, Crown Business, Nueva York, 2000, p. 228.

20. *Ibid.*, p. 229.

21. *Ibid.*, p. 284.

22. «El sector de las telecomunicaciones en Marruecos», *Revue d'Information de la banque Marocaine du Commerce Extérieur*, n.º 274, junio-julio de 2000, p. 5.

23. *Ibid.*

24. «Tal como señala la dirección general de Maroc Télécom, el parque nacional de líneas telefónicas denota el predominio del eje Rabat-Casablanca, donde se concentra el 54,6 por ciento de las líneas. La región de Casablanca concentra por sí sola el 29,1 por ciento de las líneas, seguida por las de Rabat, con el 25,5 por ciento, Fez, con el 14,3 por ciento, y Marrakech, con el 8,9 por ciento.» (*Ibid.*, p. 6).

25. *Ibid.*, p. 5.

26. «Entrevista al presidente», en *Rapport annuel 2002*, Maroc Télécom, p. 4.

27. La cita original en árabe procede de *Las mil y una noches* (*Alf lika wa lila*), Al Maktaba ach-Chabia, Beirut, Líbano, s. f., vol. III, p. 106.

28. Joseph Stiglitz, *El malestar en la globalización*, Suma de Letras, Madrid, 2003.

29. Timothy Lenoir, «Fashioning the Military-Entertainment Complex», en *Correspondence: An International Review of Culture and Society* [Council of Foreign Relations], n.º 10, invierno de 2002-2003, pp. 14-16.

30. *Ibid.*

31. Véanse, entre muchos artículos, los que versan sobre la «ciber-yihad» por internet publicados en *La Repubblica* del 26 de julio de 2004 y «D-La Repubblica delle donne» del 26 de julio de 2004.

Capítulo 2

1. Véase el libro de Sarah Graham-Brown, *Images of Women: The Portrayal of Women in Photography in the Middle East. 1860-1950*, Columbia University Press, Nueva York, 1988, p. 9.

2. De la biografía de Qasim Amin por Ahmad Baha al-Din que sirve de introducción a la edición de 1960 de Qasim Amin, *Tahrir al-marah*, Dar al-Maarif, El Cairo, 1970, pp. 10 y ss.

3. El director, Ahmad Badr al-Din, eligió a Hafid Naguib, un aventurero oportunista nacido en 1882 que «frecuentaba las clases superiores británicas, a las que admiraba y de las que intentaba aprovecharse». Véase Zainab Muntasir, «*Qasim Amin* wa *Faris bila Yawad*: baina harim al-sultan wa sultan nafsuhu» (*Qasim Amin* y *Caballero sin caballo*: entre el harén del sultán y el sultán en persona), en la sección dedicada a la televisión de la revista egipcia *Rose El Yusef*, n.º 3.885, 23-29 de noviembre de 2002. Para más detalles sobre la vida del protagonista de *Caballero sin caballo*, véase el artículo de Husanain Karrum en *al-Quds al-arabi*, 10 de Ramadán de 1423 (15 de noviembre de 2002), p. 8.

4. Sobre la conversión de la campaña mediática estadounidense en promoción inesperada de *Caballero sin caballo*, y sobre todo sobre la decisión de la cadena libanesa del partido Hezbolá *al-Manar* de comprar la serie a pesar de la brusca subida del precio y transmitirla diariamente durante el mes del Ramadán, como desafío a Estados Unidos, véase el artículo de Zahrat Marii, «Televisiones por satélite: *Caballero sin caballo* se hace famosa antes de estrenarse», *al-Quds*, 8 de noviembre de 2002, p. 12.

5. Estos precios me fueron indicados por los comerciantes de la *Yutiya* de Akari. Estoy segura de que bajan drásticamente si uno se traslada a Derb Gallaf, en Casablanca, uno de los superzocos más espectaculares del mundo árabe para quien quiera navegar por satélite (excluyendo, claro, el aeropuerto de Dubai). La *Yutiya* hay que verla, aunque solo sea para darse cuenta de las escan-

dalosas ganacias que obtienen los comercios normales a nuestras expensas.

6. Maamar Farah, *Télé-Satellite*, mayo de 2003, pp. 32-33.

7. Qasim Amin, *op. cit.*, p. 18.

Capítulo 3

1. «Las nuevas tecnologías y la carrera mundial hacia el saber», en *Informe sobre desarrollo humano 1999*, PNUD, ONU, p. 60.

2. Los resultados de Ait Iktel me impresionaron tanto que les dediqué todo un libro, donde describo con detalle la experiencia: *Les Aït débrouille. Ong rurales du Haut-Atlas*, publicado por la editorial Le Fennec de Casablanca en 1997 y reeditado en 2003, en edición de bolsillo, por la editorial Marsam de Rabat.

3. *The Little Data Book 2002*, Banco Mundial, Washington, abril de 2000, p. 111, para las cifras sobre India, y p. 155, para las de Marruecos.

4. *Ibid.*

5. Sean Creehan, *Brain Street: India's IT Crisis*, Harvard International Review, vol. XXIII, n.º 2, verano de 2001, p. 6.

6. «Habiendo perdido a la mayoría de los jóvenes más formados, que han emigrado a Occidente en las últimas décadas, India tiene dificultades para cubrir todos los puestos de trabajo que el sector de las tecnologías de la información, en pleno *boom*, demandan.» Así es como traducimos la siguiente cita: «Having lost many of its highly skilled workers to the West in the past half century, India struggles to fill posts in its own burgeoning information technology (IT) sector» (citado en Sean Creehan, *op. cit.*).

7. «Population légale du Maroc», en *Recensement général de la population et de l'habitat de 1982*, Ministerio de Planificación, Rabat, 1982, p. 33.

8. *Annuaire statistique du Maroc: 1986*, Ministerio de Planificación, Rabat, p. 11.

9. Fuente: *Micro Credit and Reestablishment of Arts and Crafts Village Production*, informe sobre el zoco virtual redactado por el organismo gerente: Vox International. Para más información, téngase en cuenta que la antigua web del zoco (www.elsook.com) ha cambiado. Actualmente hay que consultar www.southbazar.com.

10. Véase la sección «Actualités/News» de la web www.southbazar.com.

11. Véase la sección «Aït Iktel Association, Morocco» de la web www.southbazar.com.

12. Censo de 1994, *Les caractéristiques socio-économiques de la population, niveau national*, Reino de Marruecos, primer ministro, Ministerio de Población, Dirección de Estadística, Rabat, enero de 1996, tabla 14, p. 116.

13. «Cultural translators as catalysts to upgrade livelihoods in Aït Iktel, Morocco», *World Development Report 2003*, Banco Mundial, 2003, tabla 4.6, p. 76.

14. Fátima Mernissi, *op. cit.* Los detalles sobre la creación de las ONG y la financiación del proyecto figuran en el capítulo I (Los campesinos se regalan el agua, la electricidad y la energía solar para el dispensario), pp. 11 y ss.

15. Fátima Mernissi, *op. cit.*

16. Ali Amahan, en la sección «Aït Iktel Association, Morocco» de la web www.southbazar.com.

17. Alexis de Tocqueville, *La democracia en América*, trad. de D. Sánchez de Aleu, Alianza, Madrid, 2002, tomo I, p. 112.

18. Juan León Africano, *Descripción general del África*, p. 101. Sobre la fascinante historia de Juan León Africano, léase la introducción de A. Epaulard a la traducción francesa de la *Descripción de África*: Jean Léon l'Africain, *Description de l'Afrique*, Librairie d'Amérique et d'Orient, Adrien-Maisonneuve, París, 1956.

19. Guía Visa *Au Maroc*, Hachette Tourisme, París, 1997, p. 107.

20. Las cifras sobre Imilchil fueron publicadas en *Rapport sur le Développement Humain 1998-1999*, p. 45. El informe clasifica el caso de Imilchil entre los éxitos del país.

21. *Aït Iktel: La Richesse des Pauvres*, p. 9.

22. *Rapport national sur le développement humain 1998-1999: approche participative et développement rural*, Ministerio de Previsión Económica y Planificación, p. 12.

23. Alexis de Tocqueville, *La democracia en América*, tomo II, pp. 456-457.

24. Véase la biografía de Tocqueville en el prefacio de André Jardin a Alexis de Tocqueville, *De la démocratie en Amérique*, Gallimard, París, 1991, vol. I, p. 10.

25. *Arab Human Development Report 2002*, UNPD, p. 6.

26. *Ibid.*

Capítulo 4

1. Traduzco así «Al-zaway al-iliktroni: iyabiyat aktar, salbiyat aqal» (Matrimonio electrónico: más elección y menos robos, artículo publicado en *Dalil al-Internet*, n.º 29, noviembre de 2002, p. 7). Los artículos sobre el empleo y el comercio virtual figuran en el n.º 34, abril de 2003, respectivamente en las páginas 15 y 8. El último artículo sobre la enseñanza superior fue publicado en el n.º 28, octubre de 2002.

2. *Dalil al-Internet*, n.º 29, noviembre de 2002, p. 13.

3. *Ibid.*

4. Ali al-Fahmi, «Al-zawach mina al-computer», en *Wijhat Nazar*, n.º 7, 1999, p. 30.

5. Glosario del número especial «Comment ça marche: les technologies nouvelles» de la revista *SVM*, junio-julio de 2001, p. 97, publicada por la editorial VNU, Francia. Página web: http://svm.vnu-net.fra.

6. «Al-inglizia al-mumtia: taalam al-inglizia bi-kalimat al-agani al-mutarjama ila al-arabiya», en *Dalil al-Internet*, n.º 37, noviembre de 2002, p. 1.

7. Diagrama 2.1, «Qué es internet», citado en *Informe sobre desarrollo humano*, PNUD, 1999, p. 58.

Capítulo 5

1. Abu Abd Allah Muhammad al-Sharif al-Idrisi, *Kitab nuzhat al-mushtaq fi ijtiraq al-afaq* (Libro de las delicias de quien se apasiona por el descubrimiento de nuevos horizontes), Maktabat al-zaqafa al-diniya, El Cairo, s. f., p. 81.

2. Ibn Arabi, *Le livre de la filiation spirituelle*, ed. de Claude Addas, colección Hikma-bilingüe, al-Quba Zarqua, Marrakech, 2000, p. 47.

3. *Ibid.*, p. 46.

4. Véase Mohamed Zniber, «Les Corsaires de Salé» y «L'Atlantique, théâtre de la lutte nationale au XVII siècle», en *Mémorial du Maroc*, Nord Organisation, Rabat, 1982, vol. 3, pp. 258 y 249, respectivamente. La referencia al mapa de John Dunton (*A true Journal of Sally Fleet*), que indica los astilleros, está en la página 259.

5. La frase de Einstein aparece citada por Paul Davies en su libro *About Time: Einstein's Unifinished Revolution*, Simon and Schuster, Nueva York, 1995, p. 70.

6. Nabil Ali, «Tunaiyat al-asr: al-sifr wa al-wahid» (Dualidad del siglo: el cero y el uno), en *Wijhat Nazar* (Puntos de vista), n.º 44, p. 38.

Capítulo 6

1. Jacques Attali, «Les labyrinthes de l'information», publicado en *Le Monde*, jueves 9 de noviembre de 1995, p. 18.

2. Françoise Frontisi-Ducroux, *L'ABCdaire de la mythologie grecque et romaine*, Flammarion, París, 1999, p. 9.

3. *Ibid.*, p. 62.

4. Diccionario *Le Robert*, París.

5. Carl G. Jung, *El hombre y sus símbolos*, Caralt, Barcelona, 2002.

6. *Ibid.*

7. Françoise Frontisi-Ducroux, *op. cit.*, p. 50.

8. Alain Daguerre de Hureaux y Stéphane Guégan, *L'ABCdaire de Delacroix et l'Orient*, Institut du Monde Arabe, Flammarion, París, 1994, p. 26.

9. *Ibid.*

10. Citado en Pierre Schneider, «The Moroccan Hinge», en *Matisse in Morocco*, National Gallery of Art, Washington, 1990, p. 26.

11. Al-Imam al-Qushairi, *Al-risala al-qushairiya*, Muwasasat dar al-kutub al-zaqafiya, Beirut, 2000, p. 285. El autor murió en el año 485 de la hégira (siglo XI del calendario cristiano).

12. Mohamed Mennuni, *Mazahir yaqzat al-magrib al-hadiz* (Indicadores del renacimiento del Marruecos moderno), Matbuat al-umnia, Rabat, 1973.

13. Gaston Mignon, *Manuel d'art musulman*, citado en Ali Amahan, «Esquisse historique», en Abdelkebir Jatibi, *Du signe à l'image: le tapis marocain*, Editions Lak International, Casablanca, pp. 24 y 26.

14. Especialmente *Portrait de famille* y *Studio rose*.

15. Notas de Matisse sobre los dibujos de la serie *Temas y variaciones*, escritas en 1942 por Louis Aragon y publicadas en *Henri Matisse: écrits et propos sur l'art*, Hermann, París, 1972, p. 164.

16. Xavier Girard, *Matisse: une splendeur inouïe*, Découvertes, Gallimard, París, 1993, p. 12.

17. Prosper Ricard, *Corpus des tapis marocains*, Geuthner, París, 1927, tomo I, p. X.

18. Véase Abdelkebir Jatibi, «De la Rêverie Géométrique», en *Du signe à l'image: le tapis marocain*, p. 150.

19. *Ibid.*, pp. 143-144.

20. *Ibid.*, p. 144.

Capítulo 7

1. Mircea Eliade, *Mito y realidad*, Kairós, Barcelona, 1999.

2. *Odisea*, trad. de Juan Manuel Pabón, Gredos, Madrid, 1986, canto VII, vv. 253-257.

3. *Ibid.*, canto XII, vv. 184-188.

4. Según Yamal Edin Bencheich, las élites árabes nunca se dignaron escribir los cuentos de *Las mil y una noches*, que despreciaban como creaciones populares, desprovistas por ende de importancia. Fueron los europeos quienes iniciaron el paso de lo oral a lo escrito. Dedico a esta cuestión el tercer capítulo de mi libro *El harén en Occidente*.

5. Suelo traducir *Las mil y una noches* directamente de la edición de al-Maktaba al-shabiya, Beirut, s. f. Para los maniáticos que quieren controlarlo todo: podéis consultar la traducción francesa a cargo de J. C. Mardrus (Robert Laffont, París, 1980, p. 694), que a mi juicio es una de las mejores. Soy tan arrogante que siempre me creo capaz de hacerlo mejor. (*N. de la A.*) Aquí se reproduce la traducción al español de Juan Vernet: *Las mil y una noches*, Planeta, Barcelona, 1997, vol. II, pp. 228-229. (*N. del T.*)

6. *Ibid.*, p. 233.

7. *Ibid.*

8. *Ibid.*, p. 234

9. Philippe Conrad, «Le bronze dont on fait les héros», en *L'Europe au temps d'Ulysse*, en *Le spectacle du monde*, n.º 5, París, 1999, p. 4.

10. *Ibid.*

11. Nicolas d'Estienne d'Orves, «Dans le sillage d'Ulysse», en *L'Europe au temps d'Ulysse*, p. 68.

12. Ahmed al-Nasiri nació el año 1250 de la hégira (1830) y murió en 1315 (1897).

13. A. Graule, traducción francesa de *Kitab al-istiqsa li ajbar duwal al-Magrib al-aqsa* (El libro de las investigaciones en profundidad sobre la historia de las dinastías del Magreb), de Ahmed al-Nasiri, en «Archives Marocaines», Résidence Générale de la République Française au Maroc, Librairie Orientaliste Paul Gethner, París, 1923, p. 27.

14. *Ibid.*, p. 28.

15. Jean Mazel, *Enigmes du Maroc*, Robert Laffont, París, 1971, p. 88.

16. *Ibid.*

Capítulo 8

1. Barbara Walker, «Penelope's Web», en *The Woman's Dictionary of Symbols and Sacred Objects*, Harper Collins, San Francisco, 1988, p. 72.

2. Nicolas d'Estienne d'Orves, «Dans le sillage d'Ulysse», en *L'Europe au temps d'Ulysse*, pp. 96-72.

3. Edith Hamilton, *Mythology: Timeless Tales of Gods and Heroes. A Mentor Book*, The New American Library, Nueva York, 1969, p. 204.

4. Jean Markale, *La grande déesse: mythes et sanctuaires*, Albin Michel, París, 1997, p. 228.

5. Tomado del manuscrito del volumen colectivo *Portraits de femmes: mères, soeurs et épouses des prisonniers politiques*, elaborado dentro de los talleres de escritura de la Synergie Civique, que dirijo para un número seleccionado de asociaciones dentro de mis actividades de investigación en el IURS (Institut Universitaire de

Recherche Scientifique) de la Universidad Mohamed V de Rabat. La cita procede de la versión presentada en el taller del 6 de julio de 2003. Para más información, clicad en «Ateliers d'écriture» dentro de mi web www.mernissi.net.

6. En *Portraits de femmes: mères, soeurs et épouses des prisonniers politiques*; durante la insurrección popular de Casablanca por el aumento del precio del pan, dirigida por los sindicatos, quedaron cientos de muertos en tierra a causa del fuego del ejército. En cuanto a la guerra del 67, se trata de la guerra de los Seis Días entre Israel y los estados árabes. Estos últimos mintieron a sus pueblos cantando victoria en las transmisiones radiofónicas, que estaban bajo su control, antes de que saliera a relucir la verdad: que habían sido derrotados.

7. *Ibid.* Para más información sobre Saudi, ver mi página web www.mernissi.net.

8. *Ibid.*

Capítulo 9

1. Jeanine Drouin, «Les Écritures Libyco-Berbères», en el número dedicado a «L'écriture: ses diverses origines» de la revista *Dossier d'Archéologie*, n.º 260, Editions Faton, Dijon, febrero de 2001, p. 36. Jeanine Drouin es directora de investigación en el CNRS.

Capítulo 10

1. «Les tapis et hanbels de la région de Khémisset», en *Le nouveau corpus des tapis marocains*, Ministerio de Artesanía, Reino de Marruecos, tomo III.

2. *Ibid.*

3. Abd al-Yalil al-Hachraui, «La Préhistoire», en *De l'empire*

romain aux villes impériales: 6.000 ans d'art au Maroc, Musée du Petit Palais, París, 1990, p. 19.

    4. *Ibid.*, pp. 22-23.

Capítulo 11

    1. André Breton, «Baya», en *Catalogue de l'exposition*, colección «Derrière le miroir», Adrien Maeght, París, 1947. Reproducido en la p. 16 del catálogo de la exposición *Trois Femmes Peintres: Chaïbia, Baya, Fahrelnissa*, organizada en 1974 en París por el Institut du Monde Arabe, Edifra, París, s. f.

    2. *Ibid.*

    3. *Ibid.*

    4. Asia Yebar, «Le Combat de Baya», escrito en 1990 y publicado en el catálogo de la exposición *Trois Femmes Peintres.*

    5. Dalila Morsly, «Je ne sais pas, je sens…», entrevista a Baya en *Baya: catalogue de l'exposition*, Centres Culturels Français au Maroc (Rabat, Marrakech, Mequínez, Tétouan), Somigraf, Casablanca, 1994, p. 29.

    6. André Laude, *Chaïbia: celle qui fait chanter les couleurs du Maroc*, París, 1978, citado en el catálogo de la exposición *Trois Femmes Peintres, op. cit.*

    7. Ali Silem, «Le chap des signes», en *Baya: catalogue de l'exposition*, p. 10.

    8. Dalila Morsly, «Je ne sais pas, je sens…», en *Baya: catalogue de l'exposition*, p. 29.

    9. Ali Silem, «Le chap des signes», en *Baya: catalogue de l'exposition*, p. 18.

    10. *Ibid.*

    11. Richard Ettinghausen, *La peinture arabe*. La versión inglesa original fue publicada por Skira, Ginebra, en 1962. La traducción francesa, de Yves Rivière, fue publicada por la misma editorial en 1977.

12. Richard Ettinghausen, *La peinture arabe*, p. 12.

13. Fátima Mernissi, «Interview de Chaïbia», entrevista hecha en Casablanca en enero de 1985. Una parte fue publicada en el catálogo de la exposición *Présence artistique du Maroc: Chaïbia, Belkahia, Melehi*, 19 de abril-15 de junio de 1985, Maison de Culture de Grenoble, p. 16.

14. *Ibid.*, p. 12.

15. *Ibid.*, p. 16.

Capítulo 13

1. Abd al-Karim Gallab, *Tariq al-haraqa al-wataniya* (Historia del movimiento nacionalista), Matbaat ar-Risala, Rabat, 1987, vol. II, p. 748.

2. Para una breve biografía del caíd al-Glaui, véase *Encyclopédie du Maroc: dictionnaire alphabétique des connaissances sur le passé et le présent du Maroc*, Imprimerie de Salé, 1989, vol. II, p. 619. La biografía es obra del grupo al-Yamia al-magribiya li-taarif (Comunidad Magrebí de Divulgación), dirigido por los historiadores M. Hiyi y A. Tufiq.

3. Abd al-Karim Gallab, *op. cit.*, p. 748.

Capítulo 14

1. Abd al-Yalil al-Hachraui, «La Préhistoire», en *De l'empire romain aux villes impériales: 6.000 ans d'art au Maroc*, p. 20.

2. Mientras la mayoría de las provincias de Marruecos registraba un crecimiento demográfico, las del sur, como Figuig, ya presentaban un descenso de la población a partir de los años ochenta. Según el censo de 1981, en diez años Figuig vio disminuir su población de 68.411 (1971) a 64.907 habitantes. Véase «Population légale

des provinces et préfectures», en *Population légale au Maroc, op. cit.*, tabla 1, p. 33.

3. Véase el volumen III de *Le mémorial du Maroc*, dedicado a los saadíes, especialmente los artículos que se leen como si fueran el guión de una película: Mohamed Hayi, «Les Saâdiens: l'âge d'or et la menace ottomane» (pp. 142-147), y Hamid Triki, «Abdelmalek Saadi» (pp. 148-172). *Le mémorial du Maroc* es una obra colectiva escrita por expertos.

4. *Le mémorial du Maroc.* Véanse también los artículos sobre las rutas del oro, en especial: Mohamed Mezzane, «Le Maroc et le Soudan» (pp. 195-196), Larbi Sqalli, «L'expédition au Soudan» (pp. 198-208) y Hasan Sqalli, «L'or» (pp. 209-217).

5. El escritor libanés René Naba resumen bien el fenómeno de esta propaganda saudí, que podría explicar parcialmente los hechos del 11 de septiembre: «En una década, erigiéndose en vanguardia del mundo, Arabia Saudí se dotó de un holding multimedia y se elevó al rango de coloso de la comunicación, al mismo nivel que las concentraciones occidentales. Su estrategia ofensiva tiene como meta no declarada que las ondas sean estériles a cualquier contagio antisaudí, a fin de disgregar la contaminación revolucionaria en la esfera musulmana, perjudicial a su liderazgo. El dispositivo saudí, que ejercita un monopolio de hecho tanto en el espacio euromediterráneo como dentro del mundo anglosajón, abarca dos complejos multimedia con su secuela de canales televisivos transfronterizos, una decena de canales temáticos, varias emisoras de radio transcontinentales, una agencia de noticias internacional y cinco publicaciones panárabes» (René Naba, *Guerre des Ondes… Guerres des Religions: la bataille hertzienne dans le ciel Mediterranéen*, L'Harmattan, París, 1998, p. 75).

6. «Entre ellos [en el desierto] la leche sustituye al agua como bebida; a menudo pasan meses enteros sin ingerir ni una gota de agua, lo cual no impide que sean de constitución fuerte y buena salud.» Abu Ubaid al-Bakri, «Kitab al-maguib fi dikr bilad Ifrikiya wa al-Magrib», uno de los volúmenes que componen su libro *al-Masa-*

lik wa al-mamalik, cuyo manuscrito árabe fue publicado por De Slane con su propia traducción, titulada *Description de l'Afrique Septentrionale*, Adrien-Maisonneuve, París, 1965, p. 320. Al-Bakri terminó su manuscrito en 1068 (460 de la hégira).

Capítulo 15

1. Prof. Mohamed Guesus, *al-Shabab wa tahwilat al-muchtama: al-magribi* (Juventud y desarrollos en la sociedad marroquí), Universidad Hasan II, Mohammadia, colección «Clases Magistrales», n.° 2, 2000, p. 17.

2. Ahmed Zainabi y Lekbir Uhayu, *Los actores invisibles del desarrollo solidario: ONG del valle del Dra. Medio/sudeste marroquí*, manuscrito no publicado, abril de 2003, p. 14.

3. Abdallah Larui, *Les origines sociales*, p. 179.

4. A. Turi y M. Hamman, «Tradition écrite et architecture: acte coutumier d'un village du Dadès, Tirigiwt», en la revista *Hespéris Tamuda*, Facultad de Letras de la Universidad Mohamed V, Rabat, 1986, vol. XXIV, p. 215.

5. Fátima Mernissi, «Quelle est la différence entre démocratie tribale et démocratie occidentale?», en *Les Aït Débouille*, p. 112.

6. Abdallah Larui, *Les origines sociales*, p. 181.

7. PROLUDRA (Proyecto de Lucha contra la Desertización del Valle del Dra), *Réalisation et perspectives d'avenir: 1992-2000*, ADEDRA y GTZ, Zagora, informe del 30 de enero de 2000.

8. 13.ª Maratón de las Arenas, *Le matin du Sahara*, 5 de abril de 1998.

9. Encuesta de *al-Ahram al-arabi* sobre «Yaraim al-sharaf fi bilad al-arab» (Los crímenes de honor en los países árabes), n.° 284, 31 de agosto de 2002.

Capítulo 16

1. Véase Fatna El Buih, Abdellatif Zrikem, Aziz El Uadie y Nuredin Saudi, *Sole nero. Anni di piombo in Marocco* (introducción de Fátima Mernissi, edición de Elisabetta Bartuli, traducción de E. Bartuli, P. Gandolfi, L. Osti y M. E. Paniconi, Mesogea, 2004).

2. Encuesta de Panel sobre población y sanidad, 1995, Ministerio de Salud Pública y DHS (Democratic and Health Surveys, Macro-International Inc.), Calerton, Maryland (EE.UU.), 1996. Tabla 2.4: características de las viviendas, p. 17.

3. *Ibid.*

4. El coste inicial de instalación de la energía solar sigue siendo muy alto, debido a la falta de inversiones en energías renovables. Véase *El desarrollo en el umbral del siglo XXI. Informe sobre el desarrollo mundial 1999-2000*, Banco Mundial, 2000.

5. *Maroc: Rapport national sur le développement humain 1998-1999*, Ministerio de Previsión Económica y Planificación, p. 31.

6. *El desarrollo en el umbral del siglo XXI*, p. 104.

ÍNDICE

SEGUNDA PARTE

TERCERA PARTE

ESTE LIBRO HA SIDO IMPRESO
EN LOS TALLERES DE
LIMPERGRAF. MOGODA, 29
BARBERÀ DEL VALLÈS (BARCELONA)